Leonhard F. Seidl

Kopfunter am Himmel laufen

Leonhard F. Seidl

Kopfunter am Himmel laufen

Prosa, Essays und Historisches

Herausgegeben von der Stadt Abenberg
im Verlag des Landkreises Roth

Leonhard F. Seidl
Kopfunter am Himmel laufen
Herausgegeben von der Stadt Abenberg
in Verbindung mit dem
Förderkreis historische Burg Abenberg und dem Heimatverein Abenberg
im Verlag des Landkreises Roth
Abenberg 2022
© Alle Rechte vorbehalten

Gestaltung: Jörg Amonat
Foto Seite 39: Archiv der Stadt Abenberg
Umschlagfoto: Horst Binder, Autorenfoto: Ulrike Castor

Druck: Brandenburgische Universitätsdruckerei
und Verlagsgesellschaft Potsdam mbH

ISBN 978-3-9815571-9-0
Printed in Germany

Dieses Buch wurde gefördert durch:
Hans Gsänger Baugeschäft, Inh. Christian Schlegl
Gartenbau Bernd & Christian Drechsler GbR
Klos GmbH & Co. KG – Ingenieurbüro
Friedrich Hofmann Betriebsgesellschaft mbH
Hans Fries GmbH
VR-Bank Mittelfranken Mitte eG
Sparkasse Mittelfranken-Süd
Heimatverein Abenberg e.V.
Förderkreis Historische Burg Abenberg e.V.
Stadt Abenberg

Inhalt

Abenberg *naturnah*
Kopfunter am Himmel laufen   8
Nature Writing – Natur beschreiben   20
Auf der anderen Seite – Am Igelsbachsee   26
Himmelfahrt   28
Jagd   30
Die Hütte brennt   36

Abenberg *surreal*
Drachen   40

Abenberg *historisch*
Kurt Eisner in Abenberg oder Religion des Sozialismus   68

Anhang
Quellenverzeichnis   82
Der Autor   84
Danksagung   85

Abenberg
naturnah

Kopfunter am Himmel laufen

Für Julia Ingold

> ... schau, mit denkendem Auge,
> auf eine stille Wasserfläche, die dich nicht erkennt ...
> und denke dir eine Welt ohne dich und ohne die andern.
>
> *Michael Krüger, Kindliche Übungen*

Während meiner Turmschreiberschaft in Abenberg residierte ich, sofern ich nicht im Ostturm arbeitete oder die Umgebung erkundete, in einem schmucken Häuschen mit Garten im Schatten der Burg. Das geduckte Wohnzimmer, die angrenzende Küche und den ersten Stock heizte ich mit einem kleinen Kaminofen in der Stube. Dafür musste ich Holz hacken.

Das Holz hackte ich in einem Anbau, in dem früher Ziegen lebten. Zu Beginn fiel es mir schwer, mit der Klinge des kleinen Beils den richtigen Winkel zu treffen. Was meiner Meinung nach weniger an meiner Kraft, als an meiner Technik lag. Jeder Axthieb und der damit einhergehende Schlag auf den Hackstock hallte von den Wänden wider. Noch durchdringender schrillten die Schläge des Schmiedehammers auf die flache Seite des Beils, wenn es sich verklemmt hatte. Irgendwann flogen die gespaltenen Scheite nur so um mich herum, verteilten sich um den Hackstock: Rinde, Spreißel, Späne, zerfaserte Äste, rankes und eckiges Feuerholz.

Ein besonders dickes Scheit hob ich mir bis zum Schluss auf. Ich holte aus, die Klinge fuhr in den Klotz, verklemmte sich. Ich hob Beil und Klotz an, donnerte es auf den Bock; das Holz knackte und splitterte. Aber der Hieb reichte nicht aus, um es gänzlich zu teilen. Also nahm ich den Schmiedehammer, schlug auf das flache Ende der Axt und trieb die Klinge weiter in den Spalt; die Schläge klirrten grell von den engen Wänden wider. Beim dritten Schlag zerbarst das Scheit, die Schwarte löste sich und krachte zu Boden. Zu meinem Erstaunen hatte ich einen dunkelbraunen Ast freigelegt, dessen Ende auseinanderklaffte. Er war dem verbliebenen Holz entwachsen und hob sich von den Fasern des hellen Scheits ab. Um ihn herum bog sich kreisförmig das hellbraune Holz. Er entsprang mit seinen weißen Pilzzeichnungen entlang der Faserung dem Kernholz, dem er seine Härte verdankte. Freudig erregt präsentierte ich ihn meinen Kindern; wir spannen Fantasiefiguren von Fischmaul bis Feuersalamander.

Später schürte ich Feuer an. Auch mit der Holzschwarte, in die der Ast eingedrungen war. Die Wärme schlich aus der Stube, durch den Türstock, in die Küche und weiter die Holztreppe hinauf. Den Ast, der gleich einem Kunstwerk im großen Ganzen verborgen gewesen war und erst enthüllt werden musste, stellte ich auf das Fensterbrett.

Zu Beginn wissen wir nicht, was wir da vor uns haben, was entstehen wird. Erst durch eine intensive, nicht selten auch schweißtreibende Beschäftigung mit uns, unseren Gedanken, die sich in Sprache vollziehen, unserer Umwelt und dem Gegenstand, entsteht unser späteres Werk. Wenn wir es zulassen, kann sich unsere Kreativität wie die Wärme des Feuers, wie ein »*Denken ohne Geländer*« (Hannah Arendt) in uns und in unserer Welt ausbreiten, uns neue Sichtweisen eröffnen. Wenn wir bewusst hinsehen, können wir die belebte Natur erkennen; erkennen, dass sie mehr ist als ein Wirtschaftsfaktor, bestenfalls die Trennung zwischen Mensch und Natur aufheben; selbst im Anthropozän, das sich vermeintlich oder offensichtlich durch die Herrschaft des Menschen über die Natur auszeichnet.

Eine Frage der Haltung

Als die Tage wärmer wurden, saß ich vor Sonnenuntergang barfuß, in Shirt und kurzer Hose, auf einer Bank im Garten, zwischen Pfingstrosen und Thymian, umgeben von Amselgezwitscher und Grillenzirpen. Die breitgefächerte Buche und die Apfelbäume des Nachbarn verdeckten die Sicht auf das Hauptgebäude der Burg zur Hälfte, Schatten hatte sich über den Garten gelegt. Mein Blick wanderte in den Himmel, zu den segelnden Schwalben und kreisenden Mauerseglern. Ich legte meinen Kopf weiter zurück in den Nacken, eine auch körperlich spürbare, ungewöhnliche Kopf- und Sehhaltung. Ich fühlte mich wie ein Kind, das in der Wiese liegt und in den Himmel schaut, ohne dabei auf die Zeit zu achten. Und da entdeckte ich es: Die Sonne strahlte auf die Flügel der Schwalben und Mauersegler, wenn sie in ihrem Flug, in einem gewissen Winkel schwenkten; obwohl hier unten bereits Schatten herrschte. Ein Wohlgefühl durchströmte mich jedes Mal, wenn sie ihre langen, schmalen Flügel im Gleitflug derart lenkten und in der Sonne erstrahlten. Als die letzten Strahlen des Tages, samt ihrer Wärme, ihrer Helligkeit und ihrem Schein, ihren Weg zu mir fanden. Später gesellte sich mein Sohn zu mir, entdeckte das Naturschauspiel ohne, dass ich ihn darauf hinwies und sagte: »Die Flügel der Mauersegler leuchten golden.« Darauf erzählte ich ihm, dass Mauersegler fliegend schlafen und sich sogar fliegend paaren.

Wir saßen also kopfhinterrücks auf der Gartenbank. Und die Schwalben und Mauersegler trugen die Sonne zu uns herunter, obgleich sie uns nicht mehr schien. Dass wir sie sehen konnten; eine Frage der Haltung, im wahrsten Sinne des Wortes. Würden wir beide einen Regenbogen betrachten, wären Haltung und Standpunkt von noch größerer Bedeutung. Obwohl wir nebeneinanderstünden, sähen wir aufgrund des unterschiedlichen Lichteinfalls zwei verschiede Regenbögen. Stünden wir weiter voneinander entfernt, bliebe einem von uns sein Anblick vielleicht gänzlich verwehrt.

In *Pilger am Tinker Creek*, einem Standardwerk des Nature Writing, berichtet Annie Dillard über ihre Zeit in den Virginia Blue Mountains. Auch über den Winter und die verschneite Landschaft. An einem Tag hängen »*die Wolken so tief und schwer [...] als wollten sie alle gleich mit einem dumpfen Schlag runterfallen. Das Licht ist schummrig und farblos wie das Licht auf einem Stück Papier in einer Zinnschale. Der Schnee wirkt hell und der Himmel dunkel, aber in Wirklichkeit ist der Himmel heller als der Schnee.*«[1] Daraufhin legt sie einen Spiegel flach auf den Schnee. Natürlich ist die Reflektion des Himmels heller als die des Schnees, trotzdem wirkt die Illusion auf sie und uns genau andersherum. »*Das Dunkel ist über mir und das Licht zu meinen Füßen; ich laufe kopfunter am Himmel.*«[2]

Nan Shepherd schreibt in *Der lebende Berg*: »*Man lasse seinen Kopf zur Ruhe – oder besser: zur Stille – kommen, wende sich ab von dem, was man anschaut, und beuge sich vornüber mit gespreizten Beinen, bis man die Welt auf dem Kopf stehen sieht. Wie neu sie geworden ist!*«[3]

Eigentum Natur

Mein Sohn und ich saßen oft nebeneinander auf der Bank; die Hühner gackerten, der Hahn krähte aus dem Nachbargarten und eine fette Hornisse brummte um mich herum. Mein Sohn hielt in seinen kleinen Händen den großen Bildband *Mythos Baum*.

Einige Tage zuvor hatten wir die Leiterin des Abenberger Klöppelmuseums Kerstin Bienert kennengelernt, die mich in die Geschichte des Klöppelns einführte. Da entdeckte mein Sohn in dem Wälzer, dass früher Menschen namens »*Bienert*« in den Wäldern die Bäume bewachten, auf denen sich Bienenstöcke befanden, auch »*Bienenwart*« genannt. Wir schlugen nach und lasen über die sogenannte Zeidelweide, das Recht, Wildbienen zu ›nutzen‹, das ab dem 8. Jahrhundert ein weitverbreitetes Geschäft in Österreich wie in Bayern war.

Die Bienenwarte betrachteten die Wildbienen und insbesondere ihre Stöcke und deren ›Produkt‹ also als ihr Eigentum. Doch wie kam es eigentlich dazu, dass Menschen die Natur oder zumindest Teile davon als Eigentum betrachteten?

Die patriarchale Familie ist der Ursprung der gängigen Vorstellung der menschlichen Herrschaft über die Natur. Patriarchat und Naturbeherrschung sind aneinander gekoppelt, weisen eine ähnliche Struktur auf. Wenn der Vater auf den Tisch haut, erzittern Frau und Kinder und sie tun, was von ihm verlangt wird. Dieser Faustschlag kommt einem Erdbeben gleich, einer Erschütterung der Erde, wenn sich die Kontinentalplatten verschieben. Durch diesen subtilen Gewaltakt wird die Beziehung zwischen den Familienmitgliedern verschoben, der Vater festigt seine Macht. Untermauert von der christlichen Lehre eines patriarchalen Gottes, der Mensch sei die Krone der Schöpfung und müsse sich die Erde untertan machen. Die Herrschsucht wurde weiter gefördert durch den Bruch zwischen Körper und Geist in der antiken Welt. Wenn das Außen mit dem Innen nichts zu tun hat, warum sollen wir es dann beschützen? Beschützt wird dagegen die ›reine, unverdorbene‹ Natur, die Natur der Nationalparks und Umweltschutzgebiete, die aus dem christlichen Verständnis von Sünde und Unschuld heraus entstanden sind. Die Nationalparks, eine wichtige Errungenschaft, die mit dem Yellowstone Nationalpark 1872 in den USA institutionalisiert wurde. In Deutschland dagegen musste erst ein ganzes Jahrhundert vergehen, bis im Bayerischen Wald 1970 ein Nationalpark gegründet wurde. Österreich hinkte erst 1981 mit dem Kärntner Teil der Hohen Tauern hinterher.

Leider wurden auch »*seit der Gründung der ersten Naturschutzgebiete im 19. Jahrhundert [...] lokale Bevölkerungsgruppen teils gewaltsam vertrieben, nur damit einige meist weiße Eliten die ›unberührte‹ Natur bestaunen können.*«[4] Beispielsweise im Nationalpark Pendjari, einem Biosphärenreservat im Nordosten von Benin.[5]

Tragisch auch, dass die ›unreine, sündhafte‹ Natur außerhalb der Nationalparks schamlos ausgebeutet und untertan gemacht werden darf, wie die klaffenden Wunden der Tagebauten und pestizidschluckenden Maismonokulturen uns schmerzlich vor Augen führen. Naturparks dagegen, wie der Naturpark Frankenhöhe, bilden Wege des mittleren Pfades, die sowohl die Bedürfnisse der Menschen als auch die der Natur im Auge behalten werden.

Historisch betrachtet wurde die Erde erst zu einer ausbeutbaren Rohstoffquelle, »*als sich die organische Beziehung zwischen den bäuerlichen Gemeinden in Marktbeziehungen auflöste*«, die der Kapitalismus pervertierte. Wo sich nicht nur »*die Menschen einander feindlich gegenüber*« stellten, es stellte sich »*auch die Masse der Menschheit feindlich der Natur gegenüber. So wie Menschen in Waren verwandelt werden, so wird auch jeder Teil der Natur zur Ware und damit zu einer Rohstoffquelle, die man nach Belieben bearbeiten und verkaufen kann.*«[6]

Darauf folgte die Glorifizierung der Lohnarbeit im Neoliberalismus, deren Prämissen in alle Lebensbereiche sickerte: Effizienz, Nutzen, Geben und Nehmen, Verwertbarkeit. Nun kann es jede*r zu etwas bringen, das ›Streben nach Glück‹, das Glücksversprechen vom Tellerwäscher zum Millionär hat es mit dem ›Pursuit of Happiness‹ sogar in die US-amerikanische Verfassung geschafft. Wer trotzdem versagt, ist faul oder dumm und wird meist mit Verachtung gestraft.

Wie sehr Faulheit oder Müßiggang gestraft wird, beschrieb Henry David Thoreau vor 150 Jahren in seinen Tagebüchern: »*Wenn ein Mann die Hälfte eines Tages in den Wäldern aus Liebe zu ihnen umhergeht, so ist er in Gefahr, als Bummler angesehen zu werden; aber wenn er seinen ganzen Tag als Spekulant ausnützt, jene Wälder abschert und die Erde vor der Zeit kahl macht, so wird er als fleißiger und unternehmender Bürger geschätzt. Als wenn eine Gemeinde kein anderes Interesse an ihren Wäldern hätte, als sie abzuhauen!*«[7]

Letztlich hielt er dadurch treffend fest, dass Fürsorge oder Liebe geringer geschätzt wird als Lohnarbeit und die damit nicht selten einhergehende Ausbeutung der Natur.

Mit ›Liebe‹ meine ich keineswegs eine unkritische, romantische Liebesbeziehung zwischen zwei Menschen jeglichen Geschlechts. Ich meine hier solidarische Liebe, die die Fürsorgearbeit für unsere Kinder oder Verwandten bedingt. Fürsorge sollte keineswegs romantisch verklärt werden, sind doch nicht wenige Frauen aufgrund der immer noch vorhandenen klassischen Rollenverteilung schlichtweg dazu gezwungen.

Mütterlicher Imperativ

Für uns Menschen ist es eine Notwendigkeit, die Natur zu bewahren, was jedem und jeder spätestens seit der jüngsten Flutkatastrophe klar sein dürfte. Genauso wie eine Notwendigkeit darin besteht, für unsere Kinder und/oder greisen Eltern zu sorgen.

Nachdem im Sommer 2021 die durch den Menschen hausgemachte Flut in Deutschland gewütet hatte, wie es seit Jahrzehnten die Menschen im globalen Süden so oder so ähnlich erfahren, zeigten sich viele Nachbar*innen solidarisch. *»Wenn man eine Notwendigkeit wirklich erkennt, hat man sofort Lust, zu arbeiten«*, so die Feministin und Philosophin Antje Schrupp. *»So ähnlich, wie man Lust hat, aufs Klo zu gehen, wenn man ganz dringend muss. Nicht, weil es auf dem Klo so schön ist. Sondern weil Not zu wenden einfach ein Hammer-Gefühl ist.«*[8]

Vielleicht ist dieses Gefühl auch so schön, weil es bei der Tat um die Notwendigkeit geht, erfülltes Leben zu ›bewahren‹ und nicht, es zu ›beherrschen‹.

Nach Hannah Arendt ist das Böse kulturell (an)gewachsen. So auch die Ausbeutung der Natur durch den Menschen, weil er über sie herrscht. Es ist also an der Zeit, ein fürsorgliches Denken, eine

Care-Ethik für die Natur zu entwickeln, und zwar nicht, weil wir müssen, wie eine patriarchale Gesellschaft einer Frau vorschreibt: »Du musst dich um deine Kinder kümmern, sonst bist du eine Rabenmutter«, sondern, weil wir es aus unserer »Freiheit der Notwendigkeit« heraus tun. Vielleicht auch aufgrund eines hedonistischen Moments, weil unsere Körpererinnerung ein Glücksgefühl erfährt, wenn wir mit dem Fahrrad anstelle des Autos fahren. Endorphine durch Sport, aber auch durch das Bewusstsein, dass wir uns gerade fürsorglich gegenüber der Erde und damit auch unseren Kindern und/oder den nachfolgenden Generationen verhalten. Allem Status zum Trotz, den gerade die deutsche Mehrheitsgesellschaft dem Auto zubilligt. Allem Genuss und positiven Gefühlen zum Trotz, die der Konsum des Gänsebratens an Weihnachten, der unsere Erinnerungen an so viele heimelige Weihnachten im Umkreis unserer Liebsten hervorruft.

Unser Handeln sollte nicht der Herrschaftslogik eines ›Müssens‹, der Verwertungslogik folgen: maximaler Profit aus unserem Handeln, für jedes Geben ein Nehmen. Wir sollten uns aktiv aus dieser vermeintlichen Kausalität befreien und von dem Gedanken, die Erde beherrschen zu müssen. Vielmehr sollten wir die Notwendigkeit erkennen und ›Fürsorge‹ für die Erde betreiben.

Schrupp spricht hier vom »*Mütterlichen Imperativ*« und bezieht sich auf die Philosophin Diana Sartori, die in ihrem Aufsatz *Du sollst. Ein mütterliches Gebot* eine Alternative zur Kant'schen Ethik entwirft. Sartori wählt die Figur der Mutter, ihr ›kategorischer Imperativ‹ lautet, man solle stets so handeln, dass die eigene Mutter davon erfahren könne. Was nicht bedeuten soll, immer das zu tun, was die Mutter will, sondern seine Handlungen vor der eigenen Mutter vertreten zu können , weil es den Konflikt mit ihr wert wäre.

Und nun stellen wir uns vor, wir würden nur noch so handeln, dass wir es auch ›Mutter Erde‹ erzählen könnten. Aus einer Notwendigkeit heraus, um unsere Lebensgrundlage zu erhalten und nicht, weil wir müssen. Würden wir dann noch einen SUV fahren?

Revolution der Kultur durch Nature Writing

Auch Nature Writing entzieht sich der Verwertungslogik von Geben und Nehmen. Es dürfte schwerlich möglich sein, sich vorzunehmen, in die Natur zu gehen und dort über ein grandioses Erlebnis zu schreiben. Es mag möglich sein, das Gesehene, Erfahrene, Gehörte, Gerochene, Gefühlte so präzise wie möglich zu beschreiben, ästhetisch ansprechend; es vielleicht mittels gezielter Informationsvergabe, Rückblende und Vorschau auf eine gewisse Art und Weise spannend zu gestalten und darin naturwissenschaftliche und historische Erkenntnisse zu verweben. Aber es ist auch (Ergebnis-) Offenheit notwendig, die sich nicht durch ein Ziel, eine Ausbeutung, eine Maximierung des Erlebens auszeichnet. Denn Erleben lässt sich nicht maximieren. Es lässt sich nur vertiefen, um den neoliberal verbrauchten Begriff der Achtsamkeit zu vermeiden. Bestenfalls kann Nature Writing eine ›Kulturrevolution‹ anstoßen oder begleiten, im Sinne einer Avantgarde, die eine Vermittlerfunktion zwischen Natur und Gesellschaft einnimmt, die dadurch hoffentlich wieder lernt, sich als Teil der Natur zu begreifen.

Nature Writing ist ein »*Aus-den-Quellen-der-Natur-Schöpfen [...], kein passives Empfangen von Natureindrücken. Vielmehr ist es ein gegenseitiges Resonanzverhältnis.*«[9] Es geschieht durch Zeit in und mit der Natur, durch aktives Beobachten mit allen Sinneseindrücken, gedanklichem Kombinieren und schriftlichem Reflektieren. Es setzt unsere »*Selbstentäußerung voraus*« als »*kultivierte Wahrnehmungskunst der Ergebnisoffenheit*«, die »*unsere Verblüffungsresistenz*«[10] abbaut. Es negiert jeglichen Herrschaftsanspruch, da Sprache und Denken unauflösbar miteinander verbunden sind. So können wir zu uns und der Natur vordringen.

Dieses aktive Beobachten und vor allem das Kombinieren und Reflektieren darüber ist immer verbunden mit unserem Wissen über die Natur. Und dieses Wissen, diese Haltung zur Natur ist geprägt von unserer Kultur und von unserer Haltung zu Herrschaft. Denn *»die Vorstellung, daß der Mensch die Natur beherrschen müsse, steht in einem engen Verhältnis zur Beherrschung des Menschen durch den Menschen selbst.«*[11]

Welt ohne Menschen

Für viele Menschen kommt die Vorstellung einer herrschaftsfreien Welt der Vorstellung einer Erde ohne Menschen gleich. Selbst Schriftsteller*innen fallen diese Betrachtungsweisen schwer. Herbert Rosendorfer beschrieb dies in seinem Roman *Großes Solo für Anton*, und kommt doch nicht ohne den Ich-Erzähler Anton aus, der eines Morgens in einer Welt ohne Menschen erwacht, die er irgendwann auch wieder vermisst, obwohl er ein Eigenbrötler ist. Marlene Haushofer hat in ihrem grandiosen feministischen Roman *Die Wand* ein ähnliches Szenario beschrieben, ebenfalls nicht ohne ›menschliches Personal‹, eingangs und gegen Ende des Romans: Dort trifft die Ich-Erzählerin, Vorsicht Spoiler!, am Schluss auf einen weiteren Überlebenden, der sich die noch verbliebenen Geschöpfe brutal-patriarchal untertan macht.

An dieser Stelle wollte ich eigentlich eine Geschichte über einen Mann erzählen, der alles versucht, um die Klimakrise nicht weiter zu befeuern: Er lebt vegan, verzichtet auf Auto, Fernreisen und neue Kleider. Als er erkennt, dass dies alles nichts nützt, dass sein ökologischer Fußabdruck trotzdem noch eine Spur der Verwüstung auf der Erde hinterlässt, zieht er letztlich die radikale Konsequenz, sich im Nachbau der Thoreau-Hütte im Wildniscamp am Falkenstein zu Tode zu hungern, um der Erde nicht weiter zur Last zu fallen. Davon profitieren dann sogar Maden, Fliegen und der Humus, mit dem er schlussendlich eins wird. Allerdings brachte ich es nicht über mich, diese Hütte im Nationalpark Bayerischer Wald zu besudeln, diesen Raum für geistige Freiheit, ganz im Sinne des Rebellen Thoreaus; ein Vordenker des dieser Tage so dringend benötigten zivilen Ungehorsams.

Eine herausragende Fähigkeit der Menschen ist, über ihre Existenz und deren Grundlagen zu reflektieren. Oder um es mit den libertären Worten meines damals sechsjährigen Sohnes zu sagen: »Wenn Gott alles kann, warum kann er dann nicht machen, dass ich an ihn glaube?«

Zwar gibt es durchaus Tiere, die vorausschauend denken können, Raben zum Beispiel, doch ist vor allem der menschliche Geist durch Abstraktionsprozesse in der Lage, die Fundamente seines Lebens – Gesellschaft, Natur und Kultur, sofern man diese Dichotomie eröffnen möchte – im wahrsten Sinne auf den Kopf zu stellen. Denn »*wenn diese elementare Umkehrung des evolutionären Prozesses anhält, ist es keineswegs übertrieben, wenn angenommen wird, daß die Voraussetzungen für [...] Leben in irreparabler Weise zerstört werden und die Erde letztlich auch nicht mehr fähig sein wird, menschliches Leben zuzulassen.*«[12] Falls wir nicht endlich damit anfangen, »*kopfunter am Himmel zu laufen*« und eine radikale Fürsorge der Natur verfolgen. Nicht, weil wir müssen, sondern, weil wir wollen und es als eine Notwendigkeit erachten.

---

[1] Dillard 2016, S. 56.
[2] Ebd.
[3] Shepherd 2020, S. 46.
[4] Ebd.
[5] Vgl. Servant 2020.
[6] Bookchin o.D.
[7] Thoreau 1951, S. 225.
[8] Schrupp o.D.
[9] Goldstein 2019, S. 89.
[10] Ebd., S. 276-278.
[11] Bookchin o.D.
[12] Ebd.

Nature Writing – Natur beschreiben

Der Verlag Matthes & Seitz vergibt einen hoch dotierten Deutschen Preis für Nature Writing und hat die Reihe *Naturkunden* aufgelegt. Manesse hat den Klassiker *Walden* des Rebellen Henry David Thoreau soeben neu herausgebracht. Nahezu alle Verlage haben einen Titel im Programm, der Naturthemen aufgreift. Und allerorten ist zu hören, dass es kein treffendes deutsches Wort für Nature Writing gibt. Was also verbirgt sich dahinter?

Beim klassischen Nature Writing »*ist die schreibende Person erkennbar am Prozess des Schreibens wie an den Prozessen des Beobachtens, Erkundens, Erlebens, des praktischen Umgangs mit Boden, Wasser, Tieren, Pflanzen und so fort beteiligt.*«[1] So erklärt es Ludwig Fischer, Literaturwissenschaftler, Naturtheoretiker und Autor in seinem Buch *Natur im Sinn – Naturwahrnehmung und Literatur*, das als Standardwerk des Nature Writing gesehen werden kann und eine gelungene Verknüpfung von Theorie und Praxis darstellt. Auch Richard Mabey schreibt in *Die Heilkraft der Natur* in der ersten Person. Darin hat der englische Schriftsteller bereits 2005 seinen Weg aus der Depression in der Natur beschrieben. Der vielbelesene Mabey reflektiert in unzähligen Querverweisen die Folgen der Aufhebung des Allgemeinbesitzes, der ›Allmende‹, auf Mensch und Natur oder thematisiert biologistischen ›Rassismus‹: »*Unsere beiden Eichenarten zum Beispiel [...] kreuzen sich seit zehntausend Jahren munter, ohne dass es den leisesten Hinweis gäbe, dass die eine der ›Reinrassigkeit‹ der anderen gefährden würde.*«[2]

Delia Owens dagegen vereint in *Der Gesang der Flusskrebse* Kriminal-, Entwicklungs- und Abenteuerroman mit dem Feiern der Natur. Zugleich kann der Roman als Klassenstudie der Analphabetin Kya Clark und des Rassismus der USA in den späten 60ern gelesen werden.

Bei Helen Macdonalds *H wie Habicht*, in der eine Frau nach dem Tod ihres Vaters versucht, einen Habicht zu zähmen, streitet sich die Literaturkritik, ob das Label Nature Writing überhaupt zutrifft. Weil darin nicht von Natur als etwas erzählt wird, das ungebändigt ist und sich frei entwickelt. Dem hält Fischer entgegen, dass hier »*wieder eine hochideologische Vorstellung von ›wilder‹ Natur als der eigentlichen Natur zum Maßstab erhoben ist*«.[3] Damit greift er einen bedeutsamen Aspekt und eine große Gefahr des Nature Writing auf. Und erklärt gleichzeitig, warum dieses Genre in Deutschland nach dem Hitlerfaschismus verpönt war und erst lange nach den angelsächsischen Ländern von deutschen Leser*innen wiederentdeckt wurde. Wird Natur verklärt, überhöht, beispielsweise als Quelle des Germanischen, als Blut- und Boden-Lyrik, dann muss die Literatur mit Vorsicht gelesen werden. Ansonsten bildet Nature Writing keine streng definierbare Gattung.

Ein hochpolitisches und literarisch ästhetisches Werk hat die 1987 in Vaduz, Lichtenstein geborene Anna Ospelt mit ihrem schmucken, im unabhängigen Schweizer Limmat Verlag erschienen Band *Wurzelstudien* geschaffen. Darin greift sie die Geschichte des deutschen Rätesozialisten, Antifaschisten und Verlegers Henry Goverts auf. Anhand von Briefen, Aussagen von Weggefährt*innen und eben auch Naturbeobachtungen, verbindet sie Goverts' Geschichte mit ihrer persönlichen Historie, begleitet von Bildern aus der Natur; feinsinnig und humorvoll auf der Suche nach den weitverzweigten Wurzeln. Völlig zurecht hat sie für ihre »*Kampfschrift gegen die Wurzel*«[4] ein Stipendium der Stiftung Nantesbuch erhalten.

Robert Macfarlanes im Penguin Verlag erschienenes Buch *Im Unterland*, in dem er sich in die Höhlen der Welt begibt, wurde 2019 sogar ausgezeichnet mit dem NDR Kultur Sachbuchpreis. Jurymitglied Johann Hinrich Claussen, Theologe und selbst Autor, lobt es als »*bestes Nature Writing*«, es sei »*ein Buch über unsere Art mit der Welt umzugehen, mit der Erde, in die Erde hineinzugehen*« und »*ein ganz neuer Zugang überhaupt zur Natur*«.[5]

Mit dem Nature Writing kommt auch eine starke Rückbesinnung auf die Natur als Antipode zur Digitalisierung und häufig unerträglichen Beschleunigung der Lebenswelt. Es geht um »*Welterkenntnis durch Literatur*«[6], wie es Matthes & Seitz-Verleger Andreas Rötzer formuliert hat. Durch die Erlebnisse in und mit der Natur erkennen wir bestenfalls schreibend und damit reflektierend, wie wir Krisen besser bewältigen. Die Tradition des Nature Writing ist etwa 175 Jahre alt. 1845 zog sich der US-Amerikaner Henry David Thoreau in seine selbst erbaute Blockhütte an den See Walden zurück und schrieb dort unter anderem *Walden – Ein Leben mit der Natur*. Zwei Jahre versorgte er sich selbst. Soeben ist eine Neuübersetzung von Fritz Güttinger bei Manesse erschienen. In *Walden* befasst sich Thoreau mit Themen, die derzeit viele von uns umtreiben: Wie kann Selbstbestimmung und ein naturnahes, ressourcenschonendes Leben gelingen? Er generiert minutiöse Beobachtungen der Tier- und Pflanzenwelt des Waldes und nennt ökologische und gesellschaftspolitische Argumente. In lebensnahen Anekdoten, die so oder so ähnlich Vegetarier*innen und Veganer*innen auch heute nicht fremd sein dürften. »Man kann nicht ausschließlich von Pflanzenkost leben«, erklärt mir ein Bauer, »diese liefert nämlich nichts zum Aufbau der Knochen.« Und so führt er sich Tag für Tag andächtig den Aufbaustoff für seine Knochen zu; dabei geht er, während er seinen Spruch zum Besten gibt, hinter den Ochsen her, die ihn und den schweren Pflug mit ihren aus Pflanzenkost aufgebauten Knochen über Stock und Stein schleppen.

Thoreau gilt sowohl als Vater des Nature Writing als auch des zivilen Ungehorsams. Weil er keine Steuern zahlen wollte, um die Sklaverei zu unterstützen, ging er lieber in den Knast. 1849 veröffentlichte er den Essay *Über die Pflicht zum Ungehorsam gegen den Staat*. Diese Aktionsform erlebt derzeit – unter anderem durch Fridays for Future, Ende Gelände, Extinction Rebellion u. a. – eine politische Renaissance. Was zeigt, dass ›literarische Trends‹ auch durch gesellschaftliche Entwicklungen beeinflusst werden.

Nun könnte man ironischerweise die Frage stellen, ob ein Gespräch über Bäume dann, angelehnt an Brechts Postulat aus *An die Nachgeborenen*, kein Verbrechen mehr darstelle. Weil Nature Writing für die Lesenden die Bäume, die Natur enthüllt und damit für sie Verantwortung übernommen wird, sie geschützt werden. »*Wenn es gut geht, sensibilisiert sie für Irrationalität und die Widersprüchlichkeit unseres vorherrschenden Naturbezugs*«, schreibt Fischer über naturnahe Literatur, »*befeuert den Wunsch: Es soll anders werden – und damit die Protestenergie.*«[7]

Schreiben und Natur gehen im Nature Writing eine Symbiose ein. Durch diese Symbiose verändert sich die Wahrnehmung des Menschen, sein Denken und Verhalten, wie es nicht wenige der genannten Autor*innen in ihren Büchern beschreiben. Natur dient ihnen als Stimulus, der hilft, die Natur und auch das Leben mit eigenen und doch anderen Augen zu sehen. Es geht darum, in die Natur zu gehen, seine Erfahrungen zu verschriftlichen und literarisch zu gestalten. Die Form ist dabei vielfältig und kombinierbar – Haiku, Novelle, Romane, Essays, angeregt durch Übungen aus indigenen Kulturen oder der Naturpädagogik. Wie der ›Sit Spot‹ etwa, wo man die Natur von einem Stammplatz aus beobachtet. Denn nicht jede*r muss sich monatelang in die ungezähmte Natur begeben und daran scheitern, wie in dem verfilmten Bestseller *Into the wild* nach der gleichnamigen Reportage von Jon Krakauer, oder ein derart breit rezipiertes Werk wie Thoreaus *Walden* hervorbringen. Zu wünschen wäre, dass aus dem Naturerlebnis praktische Protestenergie und ein umfassendes Verständnis unserer Umwelt entsteht, wie sie auch der Biologe Andreas Weber in seinen Büchern vertritt. Was wiederum dazu beiträgt, die (konstruierte) Trennung zwischen Natur und Mensch aufzuheben und die Klimakrise zu stoppen oder zu verlangsamen.

Inspiration

Ludwig Fischer, *Natur im Sinn. Naturwahrnehmung und Literatur* (Matthes & Seitz, 2019)
Richard Mabey, *Die Heilkraft der Natur* (Matthes & Seitz, 2018)
Helen Macdonald, *H wie Habicht* (Ullstein, 3. Auflage 2019)
Robert Macfarlane, *Im Unterland* (Penguin, 2019)
Anna Ospelt, *Wurzelstudien* (Limmat, 2020)
Delia Owens, *Der Gesang der Flusskrebse* (Hanserblau, 2019)
Henry D. Thoreau, *Walden oder Vom Leben im Wald* (Manesse, 2020)
Andreas Weber, *Minima Animalia. Ein Stundenbuch der Natur* (thinkOya, 2012)

---

[1] Fischer 2019, S. 167.
[2] Mabey 2018, S. 150 f.
[3] Fischer 2019, S. 169.
[4] Ospelt, zitiert nach Bachmann 2020.
[5] NDR 2019.
[6] Rötzer, zitiert nach Schäfer 2019.
[7] Fischer 2019, S. 172.

Auf der anderen Seite – Am Igelsbachsee

Der Wald auf der anderen Seite des fischförmigen Sees verdunkelte das Wasser bis zu den Kiemen. Die unscharfen Kronen der Kiefern wellten sich auf der Wasseroberfläche. Ein Angler in quietschgrünem Boot trieb als Einziger auf dem See.

Über den von der Morgensonne erwärmten, pockigen Strand ging er hinüber auf das Landzüngelchen. Es lehnte sich fast an den bewachsenen, in der Mitte asphaltierten Steindamm an, der den kleinen vom großen See abgrenzte. Die zerzausten, schmutzigen Federn entdeckte er, als er den Frosch das erste Mal quaken hörte; die kleinen Federn am Kielende zu einem Kreis verklebt, wie ein zermatschter Federball. Zwei Schritte weiter ein Dutzend Federn, ellenlang, ebenfalls an den Enden verklebt, als befänden sie sich noch am Körper des Schwans. Im Gras am Uferhang verstreute Federn. Da er keine Federn mehr entdeckte, ging er weiter zur Slipanlage, von der die Anglerboote ins Wasser gelassen wurden, eingeklemmt zwischen einer kleinen Landzunge und Damm. Am Wasser flackte ein wuchtiger, aufgebogener Karpfen, das Maul aufgerissen, in der ausgeweideten Augenhöhle wurmte eine Made. Flossenwärts, hinter den Kiemen, klaffte ein kinderhandbreites Loch, zur Hälfte gefüllt mit hellbraunem Sand, überspannt von drei dicken Grätenbögen. Jetzt roch er den toten Fisch. In der zweiten Hälfte wuselten unzählige Maden, zelebrierten eine Lebenssuppe, schoben sich gegenseitig hin und her, als wären sie eins. Glänzend grüne Fliegen schwirrten aufgeregt um den Kadaver.

Auf dem Rückweg hüpften drei Frösche quakend vor ihm ins Wasser und das Echo des balzenden Kuckucks hallte von den Bäumen wider. Der Wald auf der anderen Seite des Sees verdunkelte das Wasser jetzt nur noch bis zu den Augen.

Himmelfahrt

Alle Jahre wieder kann man in seinem gekommenen Reich an Christi Himmelfahrt das gleiche Schauspiel rund um den Igelsbachsee beobachten. Die Männchen schippern auf dem Wasser umher, um nach Futter für die Jungen zu suchen, die bei der Glucke im Nest warten.

Die Haubentaucher-Mama dagegen, in Franken auch bekannt unter »Daucherlä-Mudda« oder »Haumdaucher-Mam«, eben noch im Punkeroutfit mit schwarzem Iro unterwegs, hat sich ins Prachtkleid gemausert, gleitet über das Wasser, durch ein Gemälde aus Schilfschneeflocken, Seegrasspitzen und Fichtenpollenaquarellen. Begleitet von ihren wolligen Jungen mit zebragestreiften Hälsen und Köpfen.

Und auch die lautknacknallenden Blässhuhnmuttis und ihre rotkopferten Küken mit zerrupftem, gelben Schal, durch den sie ein wenig an einen aufgestellten Mausdreck erinnern, tauchen immer wieder für längere Zeit unter, um das Schauspiel nicht mit ansehen zu müssen.

Aber zurück zu den stoisch wartenden menschlichen Tierweibchen am Ufer, die in ihren umgedrehten Nestern, vulgo Karpfenzelten, auf das Männchen warten. Sie bewachen die riesige Nippeltränke aus Holz, prallgefüllt mit vergorenem Getreide, genau wie die Männchen. Irgendwann sind die Weibchen müde, ihren zu Dutzenden in tarnfarbenem Fell auf dem Wasser herumtreibenden Männchen auf Fischfang die geforderte Aufmerksamkeit entgegenzubringen. Da können die Kerle noch so sehr Brunftgebärden zeigen, indem sie ihre verlängerten Geschlechtsteile kunstvoll über den See halten. Dennoch muss die Aufmerksamkeit der Weibchen groß sein, wenn das Männchen mit dem noch zappelnden Futter im Kescher angeschippert kommt, damit ihnen auch die gebührende Ehre zuteil wird. Das Weibchen muss dann freudig strahlend Gerstensaft bereithalten und die Jungen rufen, die den Männchen ebenfalls Bewunderung bezeugen müssen.

Die wasserscheuen Burschen dagegen ziehen ein kleines Holzgefährt auf vier Rädern hinter sich her, die Traditionsbewussten unter ihnen haben es mit Flieder oder Birkenzweigen geschmückt. Gerade das Blau des Flieders fügt sich wunderprächtig ein in den Zustand der Burschen, deren Wanderung sie, wie im Evangelium nach Lukas bereits zu lesen ist, hinaus in die Nähe von Betanien führt; hebräisch für »*Haus des Armen*«. Auf dem Weg dorthin heben sie in regelmäßigen Abständen die Hände und segnen ihre Körper mit alkoholhaltigem Weihwasser. So drehen sie Runde um Runde mit der Flasche in der Hand, durch den Grundnahrungsmittelkonsum wollen sie es Jesus gleichtun und ihm zu Gott in den Himmel folgen. Obwohl es im Ersten Gebot heißt »*Du sollst keine anderen Götter haben neben mir*«, nehmen sie in Kauf, gegen dieses Gebot zu verstoßen. Müssen doch nicht wenige von ihnen vergessen, dass sie gar keine Väter sind, um trotzdem den Herrentag begehen zu können.

Jagd

Wenn ihr in einen Wald voller Speere eintretet
und von ihnen umstellt seid,
vergeßt nicht, daß euer Geist euer Schutzschild ist ...

Ō Sensei Mohrihei Ueshiba

Mit dem Bogen in der Hand und dem Köcher mit Pfeilen auf dem Rücken wanderten sie durch den Wald den Galgenberg hinauf. Der Größere der beiden kannte den Galgenberg, hatte in der Nähe einige Wochen in einem kleinen Häuschen im Schatten der Burg verbracht, und nicht wenige Scheite aus diesem Wald gehackt und verschürt. Hatte in dem Häuschen geweint, gelacht, gewütet und geliebt. In seinem Schmerz hatte er das tägliche Bewusstsein verloren, hatte nicht geschlafen, wenn er müde war, hatte nicht gegessen, wenn ihn hungerte. Er dachte nach, überlegte, bildete Begriffe für das, was geschehen war, wodurch das ursprüngliche Unbewusste verloren ging, Gefühle und Gedanken auftauchten. Damals schoss er den Pfeil mit dem Bogen ab, aber der flog nicht gerade zur Scheibe hin. Wenn er wütete, war er wieder ein Kind und doch kein Kind.

Jetzt waren Elemente des Rauchs, das aus dem Holz, das das Feuer genährt und gebildet hatte, wieder zu einem Element der Bäume geworden, aus denen nicht nur mehr die grünen Triebe, sondern pralle Blätter trieben.

Sie gingen schweigend die teilasphaltierte Straße hinauf. Am moosbefetzten Sandstein vorbei; von der Zeit wie eine bleichfleischrote Wunde aus dem Waldboden freigelegt. Ein blau-orangener Kleiber flitzte vor ihnen auf die Straße, pickte mit dem spitzen Dolchschnabel nach Würmern und Käfern. Vielleicht für seine Jungen, dachte der Größere, für deren Schutz er sogar den Eingang der Nisthöhle verklebt, die sich in morschen Bäumen findet. Wie die Wanderfalken, die sich gern in toten Bäumen verstecken und wie Äste aus ihnen herauswachsen. Das trillernde »Wiüwiüwiü« verriet ihm, dass es sich um ein Kleiber-Männchen handelte; der einzige Vogel, der einen Baumstamm kopfüber hinablaufen kann.

Der Kleinere sah mit seiner Glatze aus wie ein Zen-Mönch, dessen schwarz-rote Tätowierungen heute eine dicke Jacke verbarg. Hinter ihm, talwärts, stand ein Esel eingesperrt hinter einem Gatter; stumm. Der Große hörte, wie im Gehen die Pfeile im Köcher aneinander schabten.
    Laub lag auf dem Weg, daneben wuchsen eine Kastanie, Eichen, Löwenzahn. »Mein Löwenzahn«, hatte sie ihn genannt. Wie er sie genannt hatte, wollte er nicht einmal mehr denken, weil ihm schon der Gedanke falsch erschien.

Der Glatzkopf hatte sich aufgrund des ungewöhnlich kühlen Maitages die Mütze tief ins Gesicht gezogen, der andere steckte seine Hände in die Hosentaschen. Trotzdem machten sie an der Obstwiese halt, über die sie ins Tal auf die gegenüberliegenden Waldwipfel schauen konnten. Unter einem Apfelbaum grasten Schafe, andere lagen wie aus Porzellan am Abhang. Eine Taube stob aus dem Blätterwald auf. Ein Traktor mit Anhänger tuckerte vorbei, die Jäger grüßten den Fahrer, er und sein Beifahrer grüßten freundlich zurück.
    Sie schlichen durch den dichtbewachsenen Eichen- und Buchenwald; kristalline Wassertropfen auf jungen Eschenblättern. Eine Spinnwebe, ein ›Teufelshaar‹, blieb im Gesicht des Größeren hängen. Er wischte sie weg und wollte von dem Glatzkopf wissen, was das für ein Fell an den Enden seiner Sehne sei. Sie stamme von einem Biber, antwortete der, um die schnalzende Sehne zu dämpfen, und fügte hinzu: Wohl sei ihm dabei als Veganer nicht. Der Große ging nicht weiter darauf ein und fragte, wieviel Kraft man

brauche, um die Sehne zu spannen, und der Kamerad antwortete: »35 Pfund.«

Sie blieben an der fahlblauen, viereckigen Scheibe stehen, um sich warmzuschießen. Der Glatzkopf zeigte seinem Freund, wie er den Bogen zu halten habe. Die linke Hand auf dem Griff, die Kuhle zwischen Daumen und Zeigefinger. Wie bei einem Schwert, einem Bokken im Aikido. Wie bei der Technik des Yonkyo. Beim Yonkyo wird der Angreifende mit dem Druck der Kuhle an der Daumenverlängerung des Unterarmes über dessen Schulter kontrolliert und die Energie aus dem Angriff genutzt, um ihn in einer Art Schwertschlag zu Boden zu bringen.

»Bogenschießen, behaupten manche«, sagte der Glatzkopf, »sei nach wie vor wie eine Angelegenheit auf Leben und Tod in dem Maße, wie es Auseinandersetzung des Schützen mit sich selbst sei; und diese Weise der Auseinandersetzung sei nicht verkümmerter Ersatz, sondern tragender Grund aller nach außen hin gerichteter Auseinandersetzung – etwa mit dem Gegner. In dieser Auseinandersetzung des Schützen mit sich selbst zeige sich also erst das geheime Wesen dieser Kunst.«

Der Größere verstand nicht, was der Kamerad damit gemeint hatte, fand aber, dass es sich pathetisch angehört hatte, und fragte auch nicht weiter nach. Stattdessen setzte er die Füße hüftbreit auf den von Nadeln und Laub übersäten Waldboden, senkte die Hüfte ab, nahm einen Pfeil aus dem Köcher auf seinem Rücken, steckte ihn auf die Sehne. Dann griff er mit dem Ringfinger an die Sehne und musste an den silbernen Hochzeitsring denken, den seine damals Zukünftige und er bei einem Beduinen gekauft und den er ihr zurückgegeben hatte. Vögel zwitscherten. Vielleicht ist die kaltäugige Drossel darunter, dachte der Größere, die Würmer aufspießt und Schnecken totschlägt. Er versuchte, über ihren Gesang nicht in Sentimentalität zu versinken und darüber das Töten zu vergessen, das der Gesang erst ermögliche.

Der Bulldog kam zurück. Er legte Mittel- und Zeigefinger unterhalb der Pfeilfedern an. Streckte den linken Arm aus, senkte die Schultern und zog mit dem rechten Arm die Sehne auf. Da ertönte in unmittelbarer Nähe die Motorsäge. Er ließ die Sehne los, sie schnalzte, der Pfeil flog und bohrte sich zu beiderseitigem Erstaunen in die blaue Tafel. Den Bogen hatte er bereits abgesenkt, nachdem der Pfeil abgeschossen worden war. Der Kamerad wies ihn darauf hin, dass er den Flug des Pfeils nicht mehr verfolgt hatte.

Nach dem Einschießen gingen sie den Waldweg entlang, die Motorsäge röhrte im Hintergrund. Sie hielten am gelben Pflock, ein braun-weißer Fuchs aus Hartgummi vor ihnen, konzentrische Kreise auf seinem Körper. List, dachte der Größere, sprach es aber nicht aus, da auch die Motorsäge gerade ruhig war und dachte: »Wie gerne würde ich ›nicht‹ denken lernen.« Er zielte und schoss dreimal: dreimal daneben. Er ging zur Seite, machte dem Freund Platz. Da spürte er den ersten Tropfen. Die Sehne des Freundes schnalzt, der Pfeil dringt mit einem harten Knall in den Fuchs ein. Einfach nur sein, denkt der Größere. Wie der Regen, der vom Himmel fällt. Wie die Sterne, die den nächtlichen Himmel erleuchten. Als wäre er selbst der Regen, die Sterne.

Sie gehen weiter, ihre Schuhe schmatzen auf dem matschigen Streifen Weg, den der Bulldog hinterlassen hat. Über das braune Gerinne, das sich in einer Reifenspur gesammelt hat, steigen sie auf einem darübergelegten Stecken. Und schon gelangen sie zu den schwarzen Ebern, die auf dem Boden flacken, auf die sie von einem Podest aus schießen wollen.

Dieses Mal nimmt der Glatzkopf seine Mütze ab und schießt zuerst. Er trifft dreimal in den runden Kreis ins ›kill‹ und einmal sogar in dessen Mitte, ins ›inner kill‹. Da sieht der Große die weißen Federn des männlichen Wanderfalken, des Terzels, durch das grüne Laubdach leuchten. Zwischen dem dunklen Bartstreif des Falken blitzen die großen Augen weiß auf. Er dreht den Kopf hin und her und schaut herab.

Der Größere senkt den Bogen, sieht zu dem Vogel auf, ihm hinterher, wie er mit seinen weiten Schwingen zwischen Himmel und ihm durch die Luft fliegt. Die Sonne scheint bronzen auf das stoppelfeldbraungelbe Tier und verwandelt seine gekrümmten Fänge zu Gold. Zwei Krähen jagen dem Wanderfalken nach. Er steigt vor dem weißen Himmel auf, wird damit größer und sichtbarer. Er kreist höher, ändert abrupt seinen Kurs und überlistet damit die behäbigen Raben. Die schießen gleich mehrfach an ihm vorbei. »Prrrk, prrrk«, hassen sie gegen den Falken. Wenn ein Wanderfalke gehasst wird, denkt der Größere, macht er große, gleichmäßige Flügelschläge, die geräuschlos durch die Luft federn. Der Wanderfalke wendet und dreht sich in der Sonne. Wie silberne Schwerter blitzen die Unterseiten seiner Flügel. Seine dunklen Augen schimmern und die blanke Haut darunter funkelt wie Salz.

Der Jäger muss das werden, was er jagt, denkt der Größere. Das, was ist, der gegenwärtige Moment, muss die bebende Stärke des sich in den Baum bohrenden Pfeils haben.

Dann setzt er den Bogen erneut an. Die Kettensäge kreischt, im Unterholz bewegt sich etwas. Zuerst sieht er die Schnauze des Keilers mit den Hauern. Dann den schmaler werdenden Kopf. Dann den fetten, schwarzborstigen Leib. Der Jäger stellt die Beine hüftbreit auf den Boden, senkt die Hüfte ab. Legt langsam den Pfeil auf die Sehne. Lässt den Pfeilschaft in die Sehne klicken. Hebt den Bogen an. Zielt auf den Kopf des Ebers. Zwischen die Augen. Lässt den Pfeil los. Die Sehne schwingt. Und der Pfeil fliegt.

Die Hütte brennt

»Gleich geht der Rauchmelder los, Alter!«, warnt meine Tochter mich. Ich stehe in der Küche, Handy am Ohr und eine Journalistin dran; den Gemüsehobel in der Linken, eine Pastinake in der Rechten. »Gleich«, antworte ich meiner Tochter so ruhig wie möglich, obwohl sie noch gar keine Frage gestellt hat. Auch mir fällt jetzt auf, dass noch etwas im Ofen gewesen sein muss, das sich jetzt in Rauch aufgelöst hat. Also beende ich das Telefonat möglichst charmant und öffne das Fenster. »Papa, wir sollen uns für die Schule überlegen, welche Ziele wir für dieses Jahr haben.«

Jede zweite Woche bin ich alleinerziehender Papa und Schriftsteller; Homeschooling inklusive. Darum kann ich das sexistische »Männer können kein Multitasking« auch gerade nicht hören. Wir Schriftsteller*innen sind es gewohnt, für die Zukunft zu arbeiten; in der Literatur nennt man dies eine Prolepse, eine Vorwegnahme. Derzeit schreibe ich an einem Roman, der im Frühjahr 2022 erscheinen wird, recherchiere dafür bereits seit fünf Jahren. Zwar gab es einen Vorschuss, aber die Tantiemen, laut Normvertrag pro Buch üppige 8 % des Nettoladenverkaufspreises, erhalte ich erst im Juni 2023. Die Lesungen aus dem neuen Roman, die für mich und die meisten Kolleg*innen mit die wichtigste Einkommensquelle darstellen, werden ebenfalls erst nach der Veröffentlichung stattfinden. Außer: Lockdown. Wie gerade. Mein fünfter Roman ist Ende letzten Jahres erschienen, Lesungen gibt es also nur online und bei weitem nicht so zahlreich wie sonst. Glücklicherweise kommt das Antragsformular für die Corona-Hilfen der Bundesregierung für den Zeitraum Dezember 2020 bis Juli 2021 bereits im März. Ein Schelm, wer Böses dabei denkt, auch, wenn es sich bei meinem aktuellen Roman um einen Schelmenroman handelt. Wann das Geld ausgezahlt wird, steht noch nicht einmal in den Sternen, dort gähnt ein schwarzes Loch. Per aspera ad astra? Pappnase! Denn bis das Geld da ist, werden sich auch der Kettenkapitalistenbäcker und der Kurde meines Vertrauens nicht ans Anschreibenlassen gewöhnt haben.

Aber zurück zu meiner Tochter und der verqualmten Küche. Als Teilzeit-alleinerziehender Papa genieße ich die Zeit mit ihr und meinem Sohn unbändig. Ähnlich intensiv wie während meiner zweijährigen Elternzeit, als sie noch Hosenscheißer*innen waren. Die letzten zwölf Jahre dagegen war ich der Haupternährer, ständig auf Lesereise oder unter Strom, 60-Stunden-Woche oder mehr, um den Kühlschrank zu stopfen und ein emanzipierter Papa zu sein. Da nehme ich die derzeitigen Kollateralschäden wie Dampfbad in der Küche und Dialoge meiner Tochter mit meinem »Alter« Ego gerne in Kauf. Denn die intensive Zeit, die wir zusammen erleben, ist wie in der Schriftstellerei eine Handreichung in die Zukunft, nur zwischen meinen Kindern und mir. Und diesem feuerfesten Band kann dann auch eine brennende Hütte nichts anhaben. Meine Tochter hat übrigens das Ziel, dass alles so bleibt wie im vergangenen Jahr.

Abenberg
surreal

Drachen

Mit Revolvern in den Fäusten trat ich aus dem Schottenturm von Burg Abenberg. Blindlings schoss ich in die Meute auf dem Burghof. Zuerst traf es die drei Halbstarken, die Sozialstunden am Blumenbeet ableisteten, dann die Gräfin, die am Rand des Pools stand und ins Wasser stürzte. Und zuletzt meinen Mitbewohner Asa, der all dies zu verantworten hatte. Wäre meine Verlobte Katharina nicht durch das Burgtor getreten, hätte sie überlebt. So aber traf sie meine letzte Kugel ins Herz. Der Drache auf der Burgmauer dagegen blieb unversehrt. Er spiegelte sich im hellblauen Wasser des Pools in der Mitte des Burghofes. Je mehr Blut aus der Wunde der Gräfin austrat und das Wasser rot färbte, desto mehr verschwamm er. Es sah aus, als würde er ins Morgenrot fliegen.

Aber lasst mich von vorne beginnen. 1983 war ich jung, und meine Welt kannte keine Grenzen. *Scarface* lief in den Kinos. Der *stern* hatte Unsummen für die gefälschten Hitler-Tagebücher verschleudert, die Volkszählung war gescheitert, und Franz Josef Strauß gab der DDR Kredit.

»Volksaushorchung« und »Zündi« waren die Wörter des Jahres, und ich versuchte mit vielen anderen Wörtern endlich meinen Debütroman zu schreiben. Vielleicht auch, um meine damalige Freundin Katharina zu beeindrucken. Und was war dafür besser geeignet als eine Schreibstube in einem Turm von Burg Abenberg.

Einziehen wollte ich dort mit meinem Kumpel Asa, mit dem ich zwischen 1979 und '83 mindestens fünfzehnmal umgezogen war. Er hatte sich an der Uni Erlangen für Neuere Deutsche Literatur eingeschrieben, versuchte immer wieder einen Roman zu verfassen, scheiterte aber an dem inneren Ausschlag, der ihn ereilte, sobald er auch nur den Titel des Romans zu Papier bringen wollte. Also zog er das Leben der Literatur vor.

Aus dem verschlafenen Abenberg schlängelten wir uns zur Burg hinauf. Die Sonne strahlte die Fachwerkhäuser an, deren Dächer wie über den Kopf gezogene Mützen wirkten. Rauchsäulen zogen aus den Schloten krause Bänder in den klaren Dezemberhimmel. Kurz bevor wir das erste Burgtor passierten, krähte der Hahn dreimal. Mein Blick blieb an der Statue auf der linken Torsäule hängen: das Gesicht und die Brüste zur Unkenntlichkeit verstümmelt, der rechte Arm fehlte gänzlich. Kurz darauf hüllte uns die pockige Sandsteinmauer der Burg mit ihrem Schatten ein. Das eingemauerte Gesicht auf dem Burgtor, die Pechnase, durch die im Mittelalter siedendes Pech auf die Angreifer geschüttet wurde, und den Adler darüber entdeckte ich erst später. Jetzt standen die burgunderroten, vernieteten Holztore weit offen.

Zum Besichtigungstermin hatten wir die einzigen Anzüge aus dem Schrank geholt, die wir besaßen. In unserem Fiat Cinquecento müffelte es wie in einer Mottenkugel, als wir über das Kopfsteinpflaster des Burghofs klapperten. Vermutlich schlug ich mir den Kopf nur deshalb nicht im Takt der Steine an, weil ich mich auf der Rücksitzbank zusammengekauert hatte.

Die Vermieterin erwartete uns bereits. Allerdings sah sie überhaupt nicht so faltig und ergraut aus, wie wir uns die Gräfin von und zu Dragón vorgestellt hatten. Stattdessen schien sie eine Doppelgängerin von Vera Miles zu sein, die weibliche Hauptrolle in der Fortsetzung von Alfred Hitchcocks *Psycho*. Die hellbraune Haut steckte trotz der Kälte in einem schlichten schwarzen Trägerkleid, die festen Waden in Cowboystiefeln, und die Zigarette zwischen ihren Lippen war selbstgedreht. Ihre kurzen, leicht gewellten Haare versuchten erst gar nicht, dem Dezemberwind zu widerstehen. Sie sahen aus, als wären sie ein Teil von ihm.

Asa parkte vor dem Schottenturm, in dem wir wohnen sollten.

Stieg aus. Klappte den Fahrersitz nach vorne, damit ich mich herauszwängen konnte, während er mir so aristokratisch wie möglich die Tür aufhielt. Das hatten wir vorher so besprochen. Auch wenn Asa in seinen viel zu kurzen Anzughosen nicht viel mit dem Chauffeur eines Adeligen gemein hatte. Der eigentliche Grund für das Schauspiel war die seit Wochen klemmende Beifahrertür.

Der Turm schoss vor mir in den Himmel, Krähen flatterten krächzend um ihn herum. Ich streckte mich unauffällig, indem ich an seiner rauen Fassade aus höckerigen, rötlichen und gräulichen Sandsteinen nach oben sah. Der fünfte Stock bestand gänzlich aus Fachwerk, darauf thronte der steile Giebel mit spitzen Türmchen beiderseits. Ich überlegte, ob er mehr wie die Mütze eines Harlekins aussah oder eher den Hörnern Luzifers gleichkam. Rechts an den Turm schloss die Burgmauer an, links lehnte eine marode Scheune. Dann drehte ich mich um. Und das, was zuvor hinter kahlen Ästen von Sträuchern und Bäumen verborgen gewesen war, offenbarte sich jetzt in seiner ganzen Absurdität: ein kreisrunder, blauer Pool mit betoniertem Rand.

Die Gräfin de Dragón legte ihre Zigarette in den Aschenbecher auf dem kunstvollen Tisch im Schatten und kam auf uns zu. Trotz ihres leicht breitbeinigen Ganges hatte sie etwas Elegantes, um nicht zu sagen Erotisches an sich. Da ich damals noch am Anfang meiner Autorenkarriere stand, fand ich nicht das richtige Wort dafür.

In einem Anfall von Nostalgie griff ich nach ihrer Hand und deutete einen Kuss an, was ihre schmalen, kessen Lippen mit einem Lächeln quittierten. Auch das sollte ich später mehr als bereuen, als ich darüber nachdachte, wann es eigentlich begonnen hatte. Und da nahm ich es das erste Mal wahr: Die Gräfin roch nach Feuer und Erde.

Asa stolperte neben den Blumenrabatten über einen kleinen, auf dem Boden liegenden Rechen und schlug ihn sich gegen das Schienbein. Sein »Aua!« riss mich aus den Gefühlen, die der Geruch hervorgerufen hatte. Mit schmerzverzerrtem Gesicht reichte er der Gräfin die Hand, ohne sie anzusehen: »Ego, guten Tag.« Weder, dass er sie nicht ansah, noch sein eigentümlicher Familienname schienen sie zu irritieren.

Sie breitete die Arme aus und sagte mit rauchiger Stimme: »Herzlich willkommen auf Burg Abenberg! Gräfin de Dragón mein Name.«

Ich stellte mich auf einen öden historischen Vortrag ein, doch sie führte uns umgehend in den Turm, der unsere zukünftige Wohnung beheimatete. Um dorthin zu gelangen, mussten wir über eine Außentreppe, die neben dem Turm und rechts von einer wuchtigen, schwarz-rot gestreiften Holztür mit schmiedeeisernen Beschlägen verlief, in den ersten Stock hinaufgehen. Ich folgte ihr, die Cowboystiefel klackerten vor mir. Da entdeckte ich das Muttermal in der Form eines Drachens. Auf der Rückseite ihres rechten Oberschenkels.

Ich stolperte, konzentrierte mich auf den Weg und sah noch einmal auf ihren Oberschenkel, während sie die Tür des hölzernen Außenanbaus aufsperrte, über dem ebenfalls ein spitzer Turm thronte; und der Drache war verschwunden.

Ich schob es auf meinen fehlenden Schlaf.

Durch den Sandsteinbogen ging es in den Flur, aus dessen weißer Wand die Umrisse des Fachwerks lugten. Von der Küche mit dem großen Tisch und dem Bad mit Fenster konnte man den Innenhof und den Pool sehen. Die Gräfin führte uns eine steile Holztreppe ins Schlaf- und Wohnzimmer im zweiten Stock, dessen Decke grobe Holzbalken hielten. Der Ausblick aus dem Fenster: spektakulär. Über das ganze Land, über Baumwipfel, Wiesen, Wald bis in das auf einer Anhöhe gelegene Dörflein Kammerstein. Er verzauberte mich von Anfang an. Wobei ich rückblickend überlege, ob es wirklich »nur« die Aussicht war oder eher die Gräfin und die Aussicht. Oder die Gräfin und die Aussicht und der Pool.

Wir stiegen wieder die Treppen hinab, traten auf den Burghof.

Vor dem kahlen Blumenbeet offerierte uns die Gräfin, dass wir den Garten mitbenutzen könnten, gegen einen »lächerlichen Betrag von fünf Mark im Monat«, wie sie in melodiösem Singsang hinzufügte. Da Asa und ich sehr natur- und kräuterverbunden waren – vor allem die Pilze auf den Kuhfladen hatten es uns angetan –, sagten wir zu. Zum Eigenverzehr wollten wir Salat, Gurken und Tomaten anbauen.

Wie aus dem Nichts – wie ich später noch feststellen würde, war das eine der Spezialitäten der Gräfin – zauberte sie aus dem Schatten einen Champagnerkübel mit einer Flasche Sekt hervor, ließ den Korken knallen und füllte drei Gläser. Wir stießen an, und da fielen mir das erste Mal ihre verschiedenfarbigen Augen auf: grün und blau. Der Sekt schmeckte seltsam metallisch, erinnerte an den Geschmack von Blut. An der Unterlippe der Gräfin perlte ein Tropfen Sekt. Reflexartig wollte ich ihn mit meinem Finger wegwischen, doch sie kam mir zuvor, indem sie ihn mit der Zunge ableckte. Feierlich ging sie mit uns hinüber zum halb gefüllten Pool, in dem das Wasser gefroren war und das Laub gefangen genommen hatte. Sie setzte sich an den Rand und legte ein Bein über das andere, sodass ihr schwarzes Kleid ein wenig nach oben glitt. Ich wunderte mich, warum sie nicht fror, sich auf ihren Oberschenkeln keine Gänsehaut bildete.

»Und nach getaner Arbeit in den Pool springen?« Sie zwinkerte Asa an – oder war ich gemeint? »Für fünf Mark.«

»Ja, also«, gatzte Asa los.

Ich sagte erst einmal überhaupt nichts. Mir fiel es schwer, Nein zu sagen. Ein Pool direkt vor der Haustür. In der Sommerhitze abkühlen, ein paar Bahnen ziehen. Morgens, bevor ich mich an den Schreibtisch setzen und an meinem Roman schreiben würde, der alles verändern sollte.

Ich nippte am Sekt, der auf meiner Zunge bitzelte und immer noch leicht metallisch schmeckte. Ging hinüber zur Gräfin. Da schoss ein Düsenjäger über den Himmel, durchbrach die Schallmauer mit einem ohrenbetäubenden Knall.

»Was denken Sie?«, fragte mich die Gräfin. Krieg, dachte ich und spürte, wie sie mich leicht am Hosensaum berührte. Oder war es der Wind? Die grelle Wintersonne blendete mich, bis sich eine Wolke davorschob.

»Fünf Mark im Monat sind nicht die Welt«, sagte ich, obwohl ich eigentlich etwas ganz anderes hatte sagen wollen. Und sah meinen Kumpel an.

»Nein, danke«, sagte Asa knapp, ohne es weiter zu begründen. Ich war ihm dankbar, wusste ich doch, warum er Nein sagte.

»Nun gut«, sagte die Gräfin, ging, holte den Mietvertrag und einen Stift wieder wie aus dem Nichts hervor. Legte beides auf den gusseisernen Tisch, schob den Stuhl ein wenig nach hinten und zeigte mit der flachen Hand darauf.

»Bitteschön.« Dieses Mal war ich mir sicher, dass sie mich angesehen hatte. Also setzte ich mich und versuchte mein Erstaunen zu verbergen, als ich die Adresse unserer WG auf dem Mietvertrag las. Ich nahm mir vor, Asa zu fragen, ob er sie ihr gegeben hatte.

Bereits in der nächsten Woche zogen wir ein. Stolz präsentierten wir unseren Freunden unser neues Domizil. Mit den sandsteinernen Türbögen, dem Fachwerk im Flur, dem fantastischen Ausblick und der Tür, die auf die Burgmauer hinausführte. Und natürlich dem Pool.

Aber lange hielt es uns an diesem sonnigen Dezembertag nicht in unserer mit Kartons zugebauten Kammer. Also stiegen wir zu dritt – meine Freundin Katharina, Asa und ich – in unsere italienische Fischbüchse und drehten den Kassettenrekorder voll auf. Trotz der eisigen Kälte kurbelten wir die Fenster herunter und fabulierten gemeinsam mit Major Tom »Man verlässt sich blind auf den andern« und tönten den Refrain lautstark mit: »Völlig losgelöst von der Erde, schwebt das Raumschiff völlig schwerelos.« Weder der Kalte Krieg noch die Minusgrade konnten unsere grenzenlose Freiheit einschränken. Doch das sollte sich schon bald ändern. In

Spalt hielten wir kurz an einem Lebensmittelgeschäft, da die nächste Wirtschaft in Enderndorf nicht immer so viel Bier vorrätig hatte, um über das Wochenende zu kommen, und die Preise nicht gerade unserem Geldbeutel entsprachen. Dazu kauften wir etwas für den Grill und Gemüse.

Trotz der Kälte konnten wir es kaum erwarten, an die Baggerseen zu kommen, dort, wo heute die Dampferkreuzer und schwimmenden Häuser auf dem Brombachsee herumschwabbern.

Unsere Freunde warteten bereits, hatten schon das Lagerfeuer am Ufer entfacht.

Die Nacht legte sich über das Wasser. Die Flammen ließen es flackern. Und wir saßen wohlig satt am Ufer und tranken Glühwein. Katharina nahm den Joint, drehte ihn um und steckte ihn sich mit der Glut in den Mund. Ich faltete die Hände, hielt sie an meine Lippen, und sie gab mir einen Schuss. Dann reichte sie mir den Joint, ich inhalierte den schweren Rauch tief und küsste sie. Sie musste husten. Asa äugte kurz zu uns herüber und gleich wieder weg. Trotzdem sah ich seinen ureigenen, neidverzerrten Blick. Katharina trank einen Schluck Glühwein und stand auf. Sie packte mich an der Hand und flüsterte: »Komm, lass uns nach den Sternen greifen.«

Wir stolperten durch die Dunkelheit die Geröllberge hinauf auf das Förderband, das in der Dunkelheit wie ein langgezogener Drache aussah, der über seine Höhle wachte. Jetzt konnten wir weit über die kleinen Seen schauen und auf unser flackerndes Lagerfeuer. All das hätten wir am Pool der Gräfin nicht gekonnt. Trotzdem musste ich seltsamerweise genau jetzt an sie denken. Katharina und ich küssten uns, breiteten die Arme aus, griffen nach den Sternen und sangen »Völlig losgelöst!«.

Mit den stürmischen Januarnächten kehrte auch der Alltag zurück. Asa fuhr seine erste Nachttour für *Foto Horst*. Dafür musste er in die Schleifmühle nach Altdorf, wo die entwickelten Fotos übergeben wurden. Dann ging's nach Neumarkt, Pyrbaum, Allersberg,

Roth, Georgensgmünd, Spalt und in ein Dutzend weitere Orte über Windsbach und Abenberg nach Schwabach zu *Foto Horst*, wo die eingesammelten unentwickelten Filme abgegeben wurden.

Auch wenn er mit seinem Wagen in manchen Nächten sechshundert Kilometer abzustottern hatte, kam ihm der Job entgegen, denn er war nicht schlecht bezahlt. Asa fuhr in der Nacht, hatte die Wochenenden frei und konnte mit uns in die Baggerlöcher oder bis zum Morgengrauen bei Bier, Rock'n' Roll und Kippen auf die Tanzfläche der Disco *Octopus* in Abenberg, wo Schwarz- und Blitzlicht die Welt zersplitterten. Häufig brachte er von seiner Tour Fotos mit, über die wir uns beim Frühstück amüsierten oder wunderten oder beides.

Dann brach der Winter ein. Ein Winter, von dem man heute nur noch träumen kann und der für uns zu einem Albtraum werden sollte.

Die Beziehung mit Katharina kühlte nach dem anfänglichen Hochgefühl, angeheizt vom Ambiente der Burg und zügellosem Sex in allen erdenklichen Räumen, ebenfalls ab. Wobei mir gerade das eine Mal im Bad in Erinnerung blieb. Katharina lehnte sich an das Fenster zum Hof. Mit dem Po an die Glasscheibe, die zur Hälfte aus Milchglas bestand, und ihrem schlanken Rücken am durchsichtigen Glas darüber. Da entdeckte ich die Gräfin im Hof. Sie sah mir tief in die Augen. Und ich kam zum Höhepunkt. Als ich wieder hinschaute, war sie verschwunden. Und Katharina genervt.

Von diesem Moment an stritten wir jedes Mal, wenn wir uns sahen – weil ich nur noch von meinem Roman sprechen würde, den ich überhaupt nicht schrieb, wie mir Katharina vorwarf. Derartige Kommilitonen, die mit ihrem schwarzen Rollkragenpullover einen auf Sartre machen, eine Zigarette nach der anderen rauchen und eine Frau nach der anderen verbrauchen, aber im Gegensatz zu Sartre nicht einmal in der Vorlesung mitschreiben, habe sie genug. Mir war, als wäre sie eifersüchtig auf meinen Roman.

Asa verfluchte den Schnee, da kein Winterdienst fuhr; die Straßen waren eingeschneit wie bei den Russen in Sibirien, die damals jede Sekunde auf den Atomschlag der Amerikaner warteten. Mit dem Schnee kam auch eine andere einschneidende Veränderung für Asa. Da *Foto Horst* immer weniger Umsatz mit seinen Bildern machte, musste er seinen Fahrdienst an einen Subunternehmer verkaufen, der eigentlich nur Arzneimittel fuhr. Eigentlich. Es war, als hätte die Eiserne Lady Margaret Thatcher ihren eisigen Atem über die See geschickt. Denn der neue Auftraggeber verlangte Asa nicht nur mehr an Leistung ab, sondern zahlte ihm auch weniger Lohn dafür. Aufgrund der Expansion des Auslieferungsgebietes musste Asa jetzt nicht mehr nur bis nach Fürth-Bislohe, wofür er bei ruhigem Verkehr über die A6 schon fünfundvierzig Minuten benötigte, sondern auch noch bis nach Nürnberg in die Altmüllerstraße zur *SITZE Pharma Handel GmbH*. In beiden Lagern musste er all das einpacken, was die Apotheken orderten. Und das war nicht wenig. Die Fotos von *Horst* inklusive. Dazu kamen Kosmetika und manchmal auch Fahrräder oder andere obskure Dinge. Tonnenweise Babynahrung waren noch das Normalste. Denn letztlich konnten sich die Apotheker bestellen, was sie wollten. Mittwochs, wenn die Apotheken geschlossen hatten, kamen auch noch Kartons voller Wein hinzu. Dies alles sollte Asas Schaden nicht sein, aber dafür meiner umso mehr.

Schwere schwarze Wolken hingen über Burg Abenberg, als Asa in sein Auto stieg, um sich auf seine Nachttour zu begeben. Ich winkte ihm hinterher und setzte mich an den Schreibtisch, um über den Titel meines Romans nachzudenken. Allerdings kam ich nicht weiter, als den Buchstaben A mit meinem Füllfederhalter – eine Schreibmaschine hätte ich in diesen ehrwürdigen Gemäuern als Frevel empfunden – aufs Papier zu bringen. Dann drückte mich der Temperatursturz nieder, der mich schon immer enorm viel Kraft gekostet hatte. Ich fiel in einen traumvollen Schlaf, kämpfte mich mit dem Transporter durch Schneeverwehungen und über eisglatte Straßen, Berg und Wald vor und hinter Massendorf hinauf und hinunter.

Auf der Anhöhe vor Enderndorf, von wo aus man weit ins Tal schauen konnte, schob sich das Förderband in den eiskalten Himmel über den Baggersee. Verwandelte sich in einen Drachen, dessen gefräßiges Maul über seinem Schatz thronte. Seine Augen glühten. Meine Hände zitterten so stark, dass ich kurz rechts ranfahren musste. Zur Entspannung zündete ich einen Joint an, drehte die Doors auf und sang leise mit: »Riders on the Storm. Riders on the storm. Into this house we're born. Into this world we're thrown …« Und fuhr weiter. Der harzige Geruch des Schwarzen Afghanen vernebelte das Führerhaus, und ich fuhr den kurvigen Berg hinunter. Das THC vernebelte mir das Gehirn. Und ich sinnierte, was der letzte Satz wohl zu bedeuten hatte: »His brain is squirmin' like a toad.« Das Ergebnis stellte mich erst recht vor ein Rätsel: »Sein Gehirn windet sich wie eine Kröte.«

In einer krassen Rechtskurve stach plötzlich von rechts ein Schatten aus dem Wald. Ich trat auf die Bremse. Die Reifen blockierten. Es gab einen dumpfen Knall. Der Schatten rumste gegen die Windschutzscheibe. Der Lieferwagen schlitterte. Stellte sich quer. Kam ruckartig zum Stehen. Ich atmete tief ein und wieder aus. Stieg aus. Auf die Straße. In den Schnee. Ging langsam vor meinen Transporter. Über den Scheinwerfern stieg Dampf auf: ein toter Rehbock. Der mich anstarrte. Eine Blutlache bildete sich um den schlanken Hals. Versickerte im Schnee. An der Stoßstange klebte Blut. Ich fuhr den Lieferwagen an die Seite. Schaltete die Warnblinkanlage an. Schneeflocken wirbelten herum, Jim Morrison sang weiter. »There's a killer on the road.« Ich klappte die große Tür zum Laderaum auf. Nahm die erstbeste Kiste, öffnete sie und wühlte mit zittrigen Fingern im Licht der Taschenlampe darin herum. Entschied mich für zwei Captagon. Drückte sie aus den Silberstreifen. Captagon: ein Aufputschmittel, das Tote aufweckte, von uns nur Cappies genannt, in diesen Tagen sogar unter Fußballern weit verbreitet. Ich riss einen der Kartons auf, die ich noch von letztem Mittwoch gebunkert hatte, und schnappte mir eine Flasche Rotwein. Entkorkte sie mit meinem Taschenmesser und spülte die Tabletten hinunter, dass es mich schüttelte. Was meinen Puls umgehend normalisierte. Den Rehbock packte ich an den dürren Läufen, wuchtete ihn vor den Beifahrersitz und versteckte ihn unter einer Decke.

Mein rasender Herzschlag hob mich von meinem Schreibtisch: die Cappies. Auch wenn ich das Gefühl hatte, dass mein Herz nicht noch schneller schlagen konnte, wurde es beschleunigt von einem Kratzen aus dem Hof. Gefolgt von drei dumpfen Schlägen.

Ich wetzte auf den Flur. Öffnete die Tür des Schottenturms. Hastete über die verschneiten Stufen der Außentreppe nach unten. Das grelle Licht des Innenhofes blendete mich. Da jagte ein Eiszapfen von der Zinne herunter. Zerschellte mit gedämpftem Splittern auf der glattgebohnerten Eisfläche unter mir. Zerkratzte sie wie die braunen, schwarzen und grauen Kiesel, wenn ich sie mit meinen Sohlen zermalme, in das Eis drücke, kreuze und quere Spuren hinterlasse. Wenn sie ausweichen in das Eis, um nicht gänzlich zermalmt zu werden, was aufgrund ihrer Härte und meinem Gewicht kaum möglich wäre; steinhart. Wenn sie sich in der Sohle festbeißen, mitgenommen von meinen Schritten. Knirschen, kratzen, knarzen lassen, das Eis. Der zersplitterte Eiszapfen um sie herum wie gebrochenes Glas. Ich schlich auf den Pool zu. Dahinter der schräge Luginsland-Turm. Meine Schuhe pressten den Schnee. Ich war seltsam klar und unaufgeregt in meinen Gedanken. Im Hier und Jetzt. Ich ging in die Knie. Mein Puls pochte in meinem Gehirn. Drückte gegen meine Stirn. Zum Zerreißen gespannt. Im Haupthaus brannte Licht in einem Fenster: die Gräfin.

Der Schnee auf dem Eis im Pool ist verschwunden. Das Laub darin gefangen. Trotzt es den Rissen im Eis, neben und auf ihm; Schnitte. Brüche. Miteinander verbunden wie Menschen. Wie die Äderchen des Blattes. Zerbrochen, entzweigegangen, zerborsten. Ich sammelte Steine auf, die kalt und rau in meiner Hand lagen, warf sie auf die Eisfläche, worauf es surrte und summte, galaktisch tönte. Seltsam fremd. Harscher Wind kam auf, biss mir ins Gesicht, stahlharte Schneeflocken schlugen gegen meine Augenlider. Schnelle Schritte schreckten mich auf. Drei Schatten jagten am Turm vorbei. Ich hinterher. Sie verschwanden hinter der Scheune. Als ich an der Tür in der Burgmauer angekommen war, waren sie bereits verschwunden. Auf dem Weg nach Abenberg.

Zurück im Turm roch ich es wieder: Feuer und Erde. Meine Synapsen glühten. Ich griff zum Stift, fühlte mich, als hätte ich zwei Kannen Kaffee intus und würde an der glasklaren Luft sitzen. Da entdeckte ich das Rehbockgeweih, das neben mir auf dem Tisch lag und zuvor noch nicht dort gelegen hatte. Ich stutzte. Aber nur kurz. Da ich mich klar und übermächtig fühlte, ließ ich mich nicht davon abhalten. Zündete wie immer, bevor ich mit dem Schreiben begann, eine Kerze an. Irgendjemand musste sie ausgepustet haben. Vermutlich derjenige, der auch das Rehbockgeweih auf den Schreibtisch gelegt hatte. Die Gräfin? Weil meine rechte Hand mit dem Füller darin unablässig zuckte, fing ich an zu schreiben:

Durch die Tabletten wird das Weiß noch weißer, werden die Kristalle zu Kunstwerken. Ich will mehr davon. Mehr Kunst. Mehr Durchblick. Wenn ich den Schnee schon nicht bezwingen kann, will ich ihn immerhin genießen. Also werfe ich noch zwei Cappies ein, kämpfe mich weiter durch das Schneetreiben nach Roth.

An der Apotheke in Roth herrscht heute seltsame Ruhe. Sogar die Schneeflocken hetzen jetzt nicht mehr wie Irre unter den Straßenlaternen und dem Durchgang unter dem Rundturm, sondern schweben wie betäubt zu Boden. Das wuchtig-eckige Schloss Ratibor mit seinen schwarz-rot gestreiften Fensterläden scheint mich zu beobachten.

Im mittleren Fenster des ersten Stocks der Apotheke zwischen den Fachwerkbalken flimmert kein Fernseher. Normalerweise läuft er noch, wenn ich anfahre, und die Apothekerin schaltet ihn ab, sobald sie mich bemerkt. Dann kommt sie zu mir nach unten, um mir weinselig von ihrem Tag zu berichten. Heute bin ich es, der großen Redebe-

darf hat. Aber es läuft kein Fernseher, das Fenster bleibt dunkel, wie alle anderen Fenster in der Nachbarschaft auch.

Ich fahre an der altehrwürdigen Apotheke vorbei, biege rechts ab und parke vor dem Seiteneingang. Da sehe ich im Rückspiegel den Streifenwagen. Gerade heute! Bevor ich den Motor wieder starten kann, gehen die Türen auf. Zwei Polizisten steigen aus. Als hätten sie auf mich gewartet. Ich überlege, ob sich irgendetwas im Wagen oder in meinen Hosentaschen befindet, das die Polizei nicht finden darf. Aus dem Aschenbecher grinst mich der Jointstummel an. Verdammt! Warum habe ich den nicht aus dem Fenster geworfen? Wegen des Rehbocks ... Mein fahriger Blick fährt auf die Decke neben mir. Hoffentlich klebt am Kotflügel kein Blut mehr. Da steht der Polizist auch schon neben meinem Fenster. Ich kurble es langsam herunter. »Was machen Sie da?«, grummelt er in seinen Oberlippenbart. Er wirkt unangenehm angespannt, obwohl er nicht mehr der Jüngste ist. »Ausweis!« Ich beuge mich zur Mittelkonsole, in der Hoffnung, dass er den Jointstummel und den verhüllten Rehbock neben mir nicht sieht. Klappe auf. Hole meinen Ausweis heraus, der seit drei Monaten abgelaufen ist. Und richte mich auf, starre in die Mündung seiner Waffe.

»Hände hoch! Aussteigen!«

Ich hebe die Hände, versuche auszusteigen. Schaffe es aber nicht, mit erhobenen Händen auszusteigen. »Ich dachte, Sie wollen meinen Ausweis?«

»Schnauze. Aussteigen!«

Also nehme ich die Hände herunter. Steige aus. Und hebe die Hände wieder.

»Was machen Sie hier?«

»Ich stehe vor Ihnen und hebe die Hände.«

»Wollen Sie mich eigentlich verarschen?«

»Wollen Sie mich eigentlich erschießen?«, frage ich, und meine Zunge beginnt ein Eigenleben zu entwickeln.

»Wissen Sie was? Seit sechs Stunden bin ich unterwegs, kämpfe mit Schneeböen, den Songtexten von den Doors und Babynahrung und

versorge die halbe Welt, damit sie und ich morgen in der Apotheke Aspirin gegen ihren Kater kaufen können. Sie denken jetzt sicher, wie blöd ist der, dass er zugibt, dass er morgen einen Kater haben wird, wo er doch gerade in eine Polizeikontrolle geraten ist. Wissen Sie was? Wenn Sie wollen, dann lassen Sie mich blasen. Los! Gut, dann eben nicht. Außerdem habe ich fünfzig Rostbratwürste mit Petersilie und Eiern im Kofferraum, die noch heute nach Stuttgart müssen. Was? Sie glauben mir nicht? Kommen Sie, dann sehen wir nach. Sie glauben wohl, ich erzähle nur Quatsch? Ich sei auf irgendeinem Film. Eigentlich könnte ich genauso gut in der Maxhütte arbeiten. Die Schicht dauert genauso lang. Nur würde ich dann mehr verdienen. Ich möchte einfach nur nach Hause in mein Bett. Wie Sie vermutlich auch.«

»Wollen wir das nicht alle?«, meldet sich eine helle Stimme von hinten. Eine Polizistin, die ebenfalls ihre Waffe in den Händen hält.

»Also sind Sie der Scherzkeks, der die Lieferung für die Apotheke missbraucht hat?«

»Woher ...«

»Sie wurden beobachtet«, meldet sich die Kollegin wieder.

»Im Wald?«

Der Polizist sieht sich um. »Sehen Sie hier vielleicht irgendwo Wald? Hände auf den Wagen!«

»Der ist zu hoch.«

»Dann eben an den Wagen«, stöhnt die Polizistin auf.

»Also. Haben Sie mit Zahnpasta Bilder auf Hauswände gemalt?«

»Sahen sie hübsch aus?«

»Sahen sie hübsch aus?«, fragt der Bulle seine Kollegin.

»Mir hat es gefallen«, sagt sie.

»Dir gefällt so was?«

»Ja: moderne Kunst. Wie bei Billy Wechsler in Abenberg, in seinem Künstlerhaus.«

»Bitte fangen Sie jetzt nicht an zu streiten«, versuche ich zu deeskalieren. Ich drehe mich um. Der Polizist stößt mich an den Wagen. Jetzt stöhne ich auf.

»*Hände auf, ähhh, an den Wagen.*« Ich lege meine Hände an den Transporter.
»*Ich bin mehr so der Aquarelltyp. Und Sie?*«
»*Der Mann ist unschuldig*«, unterbricht uns die Stimme der Apothekerin aus einem geöffneten Fenster. »*Er liefert die Medikamente. Für so was wie Malen hat der gar keine Zeit.*«
»*Ah, okay*«, sagt der Bulle und räuspert sich. »*Dann entschuldigen Sie bitte.*«

Erleichtert steige ich in den Wagen und fahre die paar Meter zu Uschi, die mir eine Viertelstunde später, nachdem ich die fünfhundert Gläser Babynahrung und fünfzig Großpackungen Pampers und noch viel mehr ausgeladen habe, das Du anbietet, während wir eine Flasche Wein leeren. So viel Zeit muss nach dem Schock schon sein. »*Wo wir jetzt doch ganz schön was zusammen erlebt haben*«, flüstert sie mir in ihrem weißen Kittel und mit den roten Backen ins Ohr, mit denen sie aussieht wie das Mädchen auf dem Rotbäckchen-Saft. Und dann erzählt sie mir, warum sie sich jede Nacht, außer samstags und mittwochs, fünfhundert Gläser Babynahrung liefern lässt. Und füttert mich mit Nürnberger Rostbratwürstchen, die eigentlich an eine Apotheke in Stuttgart gehen sollen, obwohl ich keinen Hunger habe und so viel zu erzählen hätte. Dafür bekommt sie die Eier. Und als Geschenk eine Ladung teuerste Kosmetika aus der Lieferung, zur Vorbereitung für unser nächstes Treffen: Lippenstift, Rouge und Kajal. Und zwei Kartons Wein. Irgendwie muss ich die ungerechte Bezahlung ja ausgleichen. Was dann geschah, kann ich nicht sagen: Filmriss.

Die Tür des Schottenturms öffnete sich knarzend. Wie in einem billigen Film. Ich setzte den Stift ab. Der Morgen dämmerte bereits. Dumpfes Licht schob sich durch die burgunderrot umrahmten Fenster. Jemand stieg die Stufen herauf. Die Gräfin? Eine freudige Erregung überkam mich, über die ich mich im nächsten Augenblick auch schon wieder wunderte. Doch nicht die Gräfin, sondern Asa stand kurz darauf vor mir. Und der sah ganz schön fertig aus. Er knallte wie immer einen Stapel Bilder und einen Karton Wein auf den Schreibtisch, direkt neben das Rehbockgeweih. Dazu einen Berg Valium und Cappies. Er streckte sich und sagte: »Du siehst ganz schön fertig aus.« Dann fing er an zu erzählen. »Du glaubst nicht, was ich heute Nacht erlebt habe. Die Bullen haben mich fast mit einem Joinstummel abgefickt. Hat mir der doch glatt die Knarre in die Fresse gehalten. Ich gehe jetzt erst einmal duschen. Schau mal, welche Bilder ich heute gemopst habe. Da lachst du dich scheckig.«

Ich schaffte es nicht, mich von meinem Schreibtisch zu lösen. Das Brausen des Wassers dröhnte in meinen Ohren. Es fühlte sich an, als würde ich selbst mit unter der Dusche stehen. Meine Verwunderung wurde allerdings nicht weggespült. Ich öffnete die Fotopackung, um mich mit den Bildern abzulenken. Doch das Gegenteil war der Fall, sie ließen meinen Puls weiter nach oben schnellen. Bild 1: ich, schlafend auf dem Schreibtisch. Bild 2: der tote Rehbock im Wald bei Enderndorf. Bild 3: die Gräfin, wie sie das Rehbockgeweih neben mich auf den Tisch legt. Bild 4: die Apothekerin Uschi, wie sie mich mit einer Rostbratwurst füttert.

Da läutete auch noch das Telefon: Katharina. Warum ich mitten in der Nacht durch den Wald kurven würde?, scholl es aus dem Hörer. Und ob ich einen Rehbock überfahren hätte, wo ich doch meinen Roman schreiben wollte? Und was macht die Gräfin in meiner Wohnung? Und warum füttert mich eine wildfremde Frau mit Rostbratwürsten? Ohne dass ich auch nur eine Silbe erwidern konnte, knallte sie den Hörer auf die Gabel.

Das war zu viel für mich. Ich drückte drei Valium aus dem Silberstreifen und spülte sie mit Wein hinunter. Durch das Fenster sah ich, wie die Gräfin über den Burghof schritt, immer noch im schwarzen Trägerkleid, als würden die Pfützen nicht gefrieren. Ich stürmte nach unten auf den Hof. Bevor ich sie fragen konnte, was sie in meiner Wohnung zu suchen hatte, legte sie ihren Zeigefinger auf meine Lippen. Und ich roch wieder Feuer und Erde. »Das waren Jungs heute Nacht. Die sind über die Burgmauer geklettert und haben Schallplatten geklaut. Sie werden ihrer gerechten Strafe zugeführt werden.« Dann flüsterte sie mir noch etwas ins Ohr und berührte mit ihren Lippen ganz leicht meine Wange. Sie verabschiedete sich, ohne dass ich sie nach dem Grund ihres Besuches in meiner Wohnung fragen konnte und ob das Rehbockgeweih von ihr stammte.

Minutenlang stand ich auf dem Burghof in der Kälte und dachte darüber nach, wie ich Katharina zurückgewinnen konnte. Aber ich bekam den feurig-erdigen Geruch der Gräfin nicht mehr aus mir heraus. Meine Gedanken wanderten ständig zu ihren Lippen auf meiner Wange. Auf meinem Unterarm bildete sich Gänsehaut. Trotzdem ging ich zu Asas Lieferwagen, öffnete die Beifahrertür. Lupfte die Decke. Der tote Rehbock glotzte mich mit seltsam verdrehtem Kopf aus seinen braunen Knopfaugen an, die mich an das eine Auge der Gräfin erinnerten. Dort, wo sich in der Nacht noch das Geweih befunden hatte, starrte ich auf zwei schwarze, blutverkrustete Löcher. Steckten die Gräfin und Asa unter einer Decke? Ich deckte den Rehbock wieder zu und schloss die Tür. In dem Moment begann das Valium seine volle Wirkung zu entfalten. Mit federnden Schritten hüpfte ich leicht wie ein Gummibär über den Hof zu unserem Turm.

Asa erzählte ich weder etwas von den Bildern noch von meinem Roman oder den Schatten im Hof. Trotz der Valium lag ich den ganzen Tag wach. Unfähig aufzustehen, unfähig einzuschlafen. Die Lippen der Gräfin, ihr Geruch. Und wenn ich doch einmal kurz wegnickte, flog ein Düsenjäger der Amis auf den Schottenturm zu. Durchstieß die Schallmauer. Weckte mich knallend. Wendete, kurz bevor er mich erreicht hatte. So viele Male, wie ich mir vornahm, Katharina anzurufen und ihr alles zu erklären. Aber mein Fleisch war schwach, und mein Gehirn wand sich wie eine Kröte. Gegen Spätnachmittag schaffte ich es, mich an den Schreibtisch zu schleppen und einen Kaffee mit zwei Cappies hinunterzukippen. Im Hof sah ich die drei Halbstarken, Rechen und Spaten in der Hand, wie sie bibbernd neben der Gräfin und vor den kahlen Beeten standen.

Keine halbe Stunde später flitzte mein Füller wieder über das Papier:

Der Schnee umschließt die Burgmauer mit einer zweiten, weißen, weichen Mauer. Die Äste ächzen unter dem Gewicht, das auch auf den Dächern der Abenberger Häuser lastet. Heute fahre ich früher ins Lager, bevor die Kollegen mit dem Einladen beginnen.

Es ist noch nicht dunkel, als ich in der Altmüllerstraße in Nürnberg vor dem Verteilungszentrum ankomme. Ich werfe meine Zigarette aus dem Fenster. Bleibe im Wagen sitzen. Spähe die Umgebung aus. Niemand zu sehen. Lediglich ein paar Krähen krächzen von einer kahlen Lärche.

Also streife ich mir Lederhandschuhe über. Setze meine Kapuze auf. Und ziehe sie mir tief ins Gesicht. Steige aus dem Wagen und gehe ins Verteilerzentrum. Auch dort ist niemand zu sehen. Die Kisten liegen auf den Rollbändern, als würden sie nur auf mich warten. Ich hüpfe auf das Band, rutsche aus, weil sich die Rollen zu drehen beginnen. Muss mich mit den Händen festhalten. Hangele mich von Kiste zu Kiste. Durchwühle sie. Packe die Diamanten in meinen Rucksack. Bis ich das Geräusch am Rolltor höre.

Schritte; die Gräfin. Sie verharrte in der Tür. Trat wortlos ein. Mit ihr: Feuer, Erde. Stellte sich zu mir an den Tisch. Ihre kleinen Brüste auf Kopfhöhe. Nahm sich ein Weinglas aus dem Regal. Schenkte ein. Trank. Blies die Kerze aus. Sagte: »Schreibt der Herr Schriftsteller auch fleißig an seinem Roman?« Beugte sich zu mir herunter. Dann gab sie mir einen Kuss. Ihre weichen Lippen auf meinen. Für eine Sekunde. Und ging. Noch bevor ich einen Ton sagen konnte. Also zündete ich die Kerze wieder an. Schrieb weiter:

Mein ganzer Körper zittert vor erschöpfter Erregung. Die Rollen des Förderbandes rotieren rückwärts, ich rutsche aus, schlage mir die Nase am Eisen, das die Rollen hält, blutig. Öffne eine Plastikkiste, breche mir dabei den Fingernagel ab und bemerke es nicht einmal. Schlidde-re erneut aus. Durchwühle die Kiste: Da, eine Packung Cappies! Reiße den Silberstreifen heraus. Stopfe mir drei Tabletten in den Mund. Bitterkeit breitet sich aus: bröselig, breiig. Den Rest zwänge ich mir in die Hosentaschen. Stolpere über die Plastikkiste, reiße die nächste auf. Da, Medinox! Rupfe die Flasche aus der Verpackung; in meinen Rucksack. Zwanzig Kisten später ist er voll: Valium, Cappies, Ruppies, Valoron, Medinox. Das ist Stoff in einem Schwarzmarktwert von mehreren Tausend Mark. Den packe ich mit anderen Kisten in meinen Transporter: Wein, Kosmetika. Und brause bumsfidel los, als wäre nichts gewesen. Kämpfe mich während meiner üblichen Tour durch den Schnee. Gegen vier Uhr fünfundvierzig, kurz vor Enderndorf. Meine ausgepumpten Knochen melden den Morgen. Am Leben erhalten vom Amphetamin, das um sie herum fließt. Die Förderbänder des Kieswerks ragen vor dem vollen Mond in den Himmel. Wie Scherenschnitte. Werden zu Drachen. Ihre Köpfe drehen sich drohend. In meine Richtung. Spucken Feuer. Vertreiben die Nacht. Ich spüre die Glut, obwohl ich noch Hunderte Meter von ihnen entfernt bin. Ich bremse. Fahre rechts ran. Ohne zu blinken. Das war's. Die Drachen sind wieder das geworden, was sie sind: Förderbänder.

Gleich nach meiner Schicht – ich hellwach, dafür um weitere Cappies ärmer – rief ich von der Telefonzelle in Abenberg den Kontaktmann an, den mir die Gräfin genannt hatte. Um mögliche Verfolger abzuschütteln, trafen wir uns am Schloss Almoshof im Nürnberger Knoblauchsland zur Übergabe. Die fünftausend Mark hatte er in bar dabei. Wenn die Gräfin richtig gelegen hätte und es so weitergelaufen wäre, hätten wir das Geld in wenigen Wochen beisammengehabt. Wenn mir Katharina nicht in die Quere gekommen wäre. Genau an diesem Morgen stand sie nämlich vor der Turmtür.
»Kannst du mir sagen, was mit dir los ist?« Ihre Augen, in die ich mich einmal verliebt hatte, sprühten Geifer. »Ich schreibe meinen Roman.« Ich lehnte mich zurück. »Und so viel kann ich schon

mal verraten: Es läuft gar nicht schlecht.«

Sie knallte mir eine Packung Fotos an die Backe.

»Aua!«

»Ich sehe, dass es gut läuft mit der ollen Gräfin.« Spucke flog aus ihrem großen Mund in mein Gesicht.

»Wir haben nicht miteinander geschlafen.«

»Wie würdest du das dann nennen?«

Sie hielt mir ein Foto so dicht vor die Augen, dass ich nur Haut erkennen konnte. Als ich danach greifen wollte, um die Gräfin wirklich einmal nackt zu sehen, riss Katharina mir das Foto aus der Hand.

»Und der Lippenstift?«

»Welcher Lippenstift? Und wo überhaupt?«

»Der Lippenstift, den du mir geschickt hast mit diesem schmalzigen Brief.«

Jetzt sagte ich lieber gar nichts mehr. Mein Gehirn war zu durchlöchert von dem fehlenden Schlaf und der Flut an Adrenalin und Amphetamin.

»Und weißt du was?«

Ich schüttelte den Kopf.

»Ich weiß, woher du den Lippenstift und all das Zeug hast. Aus den Lieferungen für die Apotheken. Ich gehe zur Polizei.«

Und damit brauste sie davon.

Ich überlegte nur kurz. Dann zündete ich die Kerze an und fing an zu schreiben:

Wie alle Menschen hat auch Katharina eine Schwachstelle. Und die liegt gerade jetzt offen. Sie will umworben, erobert werden. Und als Studentin ist sie immer knapp bei Kasse, kann sich keine teuren Kosmetika leisten. Also stelle ich ihr ein Päckchen mit den feinsten Lippenstiften, Kajals, Rouge und Parfüms zusammen, die der Markt zu bieten hat.

In der Arbeit läuft es weiter wie bisher. Eine ganze Woche. Einsacken – Aufputschen – Tour fahren – zur Apothekerin (was die Gräfin wiederum nicht wissen durfte und Katharina sowieso nicht) – wieder Aufputschen – Übergabe an den Dealer – Roman schreiben – Einsacken – selten ein Nickerchen – Aufputschen – Einsacken – Roman schreiben ... Am Ende der Woche habe ich fünfunddreißigtausend Mark in der Tasche. Fehlt noch das Dreifache.

»Kein Problem«, sage ich. Zugeknallt bis oben hin und übernächtigt ohne Ende.

Am nächsten Abend fliegen die Kisten beim Einladen in Nürnberg nur so in meinen LT-28-Transporter, was sicher nicht nur daran liegt, dass ich sie um einige Schachteln erleichtert habe.

»Herr Faulhaber.« Der Betriebsleiter steht plötzlich neben mir.

»Ich weiß, dass sie unter großem Zeitdruck sind.«

»Allerdings«, sage ich, ohne die Arbeit zu stoppen.

»Wir haben einen Anruf erhalten.«

»Tatsächlich?«, sage ich vielleicht etwas zu schnell. »Von wem denn?«

»Das tut nichts zur Sache. Es sind in der letzten Zeit einige Dinge abhandengekommen.«

»Was denn?«

»Medikamente, Wein und Kosmetika.«

»Wer macht denn so was?«

»Genau das möchte ich ja von Ihnen wissen.«

Ich schlage die Tür des Transporters zu.

»Haben Sie irgendjemanden beobachtet, der außergewöhnlich lange im Lager war oder Ihnen sogar etwas angeboten hat?«

»Nein. Ich muss jetzt los. Sie wissen ja.« Ich zeige auf das Schneetreiben vor dem Lager.

Irgendwie schaffe ich es trotz des Schlafmangels dank meiner kleinen, chemischen Helferlein, die Tour und Uschi zu absolvieren. Dass ich immer wieder am ganzen Körper zittere und mein Kopf sich wie eine Billardkugel anfühlt, die ständig abgeschossen wird, ignoriere ich.

Kurz vor Enderndorf erhebt sich der Drache über die Kiesberge. Die heute aussehen wie Burgen. Er speit grimmig Feuer. Schickt schwe-

felig-rauchende Feuerbälle gen Himmel. Gegen mich. Patz! Patz! Patz! Auf mich.

Ich gebe Gas. Jage auf ihn zu. Die Flammen aus seinem Maul erleuchten seine scharfkantigen, spitzen Zähne, erhellen die Nacht. Es stinkt nach Rauch und Erde. Die Feuerzunge schlägt gegen die Frontscheibe, bildet eine tödliche Wand. Lässt das Plastik des Scheibenwischers schmelzen, das schwarze Streifen auf dem Glas hinterlässt. Im Auto wird es so heiß, dass mir der Schweiß den Rücken hinunterläuft. Ich habe Mühe, das glühende Lenkrad festzuhalten.

Das Fauchen des Drachens übertönt Jim Morrisons Gesang· »Riders on the storm«. Ich reiße die Tür auf. Hechte aus dem fahrenden Transporter. Der weiterrollt. Ich jage auf das Ungetüm zu. Werfe mich bei jedem Feuerschwall in die Pfützen. Die Nässe schützt mich zumindest ein wenig vor der Hitze. Dann klettere ich auf den Rücken des größten Drachens. Von Stachel zu Stachel. Über die schuppige Haut. Das Ungetüm bäumt sich auf. Versucht mich abzuschütteln. Faucht, brüllt, dass es mir in den Ohren dröhnt.

Schnappt mit seinem riesigen, stinkenden Maul nach mir. Durch den Rauch kann ich nichts mehr sehen. Meine Finger graben sich in seine Schuppen. Durchdringen sie. Schneiden in das Fleisch des Monsters. Blut quillt aus den Schuppen. Das meine Fingerspitzen rot färbt. Der Drache tobt wutschnaubend. Faucht. Bäumt sich auf. Wirft den Kopf herum. Und die Cappies lassen genau in dem Moment nach. Mir geht die Kraft aus. Mein Griff lockert sich. Ich verliere den Halt. Ein eisiger Wasserstrahl erfasst mich.

Asa stand mit einem leeren Eimer hinter mir. »Geh duschen, du Ferkel!« Ich schüttelte mich wie ein nasser Hund.

Schleppte mich unter die heiße Dusche. Seifte mich ein. Da erstarb der Wasserschwall, und ich stand im Trockenen. Mal abgesehen von dem Schaum, den ich am ganzen Körper verteilt hatte. Ich ging ins Wohnzimmer, wo Asa gerade Kaffee trank und einen Joint rauchte. Bei meinem Anblick prustete er lautstark los und steckte mir eine Karotte in den Mund. Ich schleuderte sie in die Ecke, stibitzte ihm den Joint und zog daran. Er zeigte stumm durch das Fenster im Hof, wo die Gräfin in ihrem Trägerkleid saß und mit einem Gartenschlauch Wasser in den Pool einließ. Die drei Jungs, die immer noch ihre außergerichtlichen Sozialstunden ableisteten, weil sie unerlaubt in die Burg eingedrungen waren, lungerten daneben mit Schrubbern in den Händen herum. »Und?«, fragte ich und inhalierte tief.

»Und?«, grinste Asa. »Der Wasserdruck ist zu gering. Wenn die Alte ihren Pool bewässert, können wir hier nicht duschen.«

»Verdammt!«, fluchte ich, gab ihm den Joint zurück und rannte nach unten. Splitterfasernackt, wie das Duschgel mich geschaffen hatte. Die Jungs entdeckten mich als Erstes. Rissen die Augen weit auf, prusteten los. Dann wandte sich die Gräfin um; schmunzelte. Ich flitzte an ihr vorbei und sagte: »Die fünf Mark für den Pool zahle ich trotzdem nicht.« Dass ich mit einem Auge zwinkerte, sah nur sie.

Ich stieß mich ab und flog kopfüber in den Pool, dass der Schaum nur so stob. Das Wasser umhüllte mich, wärmer, als ich dachte. Auf dem Rückweg drehte ich mich noch einmal kurz um und ertappte die Gräfin dabei, wie sie mir auf den Hintern glotzte. Und sah Katharina, wie sie sich bereits im Burgtor wieder umwandte und ging.

Am Abend setzte ich mich dann frisch gewaschen, wenn auch keineswegs ausgeschlafen an den Schreibtisch – war die Gräfin doch in unseren Turm gekommen, nachdem sie die Jungs verabschiedet und Asa sich schlafen gelegt hatte. Wir tranken Wein, und die Wundermittelchen hielten mich wach. Ich kapitulierte vor ihrem Duft und ihrem Körper und hakte damit die Beziehung mit Katharina endgültig ab. Auch das drachenförmige Muttermal auf dem Oberschenkel der Gräfin entdeckte ich. Und erfuhr, wo auf meinem Körper Katharina den Lippenstift von den Lippen der Gräfin aufgespürt hatte. Dass dies erst geschah, ›nachdem‹ das Foto aufgenommen worden war, darüber dachte ich nicht nach. Wie über so vieles andere auch nicht in diesen Tagen ...

So wie ich mir und der Gräfin nach dem Sex eine Zigarette ansteckte, so zündete ich wie immer zur Einstimmung zum Schreiben mit einem Streichholz die Kerze an. Dann schrieb ich weiter an meinem Roman. Einen Arbeitstitel hatte ich bereits: *Drachen*.

Im Auto streife ich mir Motorradhaube und Handschuhe über. Packe die Zange in die Lederjacke. Damit hat der Betriebsleiter die Kameras bei den Förderbändern umsonst installiert. Sein verzweifelter Versuch, mich zu schnappen, unterstrich letztlich seine Verzweiflung und meine Überlegenheit und dass mich keiner der Kollegen verpfiffen hatte.

Ich schleiche mich in die Lagerhalle. Knipse die Kabel der Kameras durch. Ein Geräusch lässt mich innehalten. Ein Wachmann? Ich springe vom Band. Kauere mich darunter. Zucke zusammen. Eine Maus flitzt mir zwischen den Beinen hindurch. Als nichts weiter geschieht, klettere ich wieder nach oben. Auf die Förderbänder. Über die Förderbänder. Von Kiste zu Kiste. Von Valoron zu Valium. Von Captagon zu Dormicum.

Kurz vor Spalt sehe ich Blaulicht die Dunkelheit aufmischen. Ich bremse, verringere das Tempo. Mein Herz klopft von innen wie eine Faust gegen meinen Brustkorb. Kurz vor der Rezat steht ein Polizist mit einer Kelle. Sie leuchtet rot. Winkt er mich heraus? Zur Sicherheit halte ich an. Versuche ruhig zu atmen. Kurble das Fenster herunter. Da sehe ich, dass die Rezat über die Ufer getreten, die Straße überschwemmt ist. Auf dem Wasser wabert Blaulicht. Ich durchkreuze es mit meinem Transporter. Gemessenen Schrittes. Mit Bedacht.

Meine Ware liefere ich bei der Apotheke in Spalt ab. Rase weiter nach Roth. Der Regen schlägt auf die Karosserie. Ein roter BMW folgt mir. Obwohl ich den Tacho trotz der überschwemmten Straßen und des Aquaplaning stellenweise auf hundertfünfzig hochjage, schaffe ich es nicht, ihn abzuhängen. Kurz vor Roth ist er verschwunden; scheinbar.

Ich schleiche über das Kopfsteinpflaster in die Rother Altstadt. Im

Fenster zwischen dem Fachwerk im ersten Stock der Burgapotheke ist es dunkel. Ich spähe in die Einfahrt linker Hand hinter dem Rundturm. Keine Polizei. Ich blinke vorschriftsmäßig rechts, parke vor dem schmalen Fachwerkhaus mit den roten Türrahmen im Erdgeschoss. Zum ersten Mal frage ich mich, ob es schief steht.
  Von Uschi ist immer noch nichts zu sehen. Wurde sie als Komplizin verhaftet? Ein schwarzer Audi biegt um die Ecke: Zivilpolizei? Schleicht vorbei. Ich nehme die nächste Kiste. Tue so, als hätte ich die Zivis nicht bemerkt. Stelle die Kiste vor die Tür. Ich steige wieder in den Transporter und setze meine Tour fort. Trotz etlicher Tabletten fallen mir immer wieder die Augen zu. So auch kurz vor Abenberg; die erleuchtete Burg ... über der Stadt ... die Gräfin ... Feuer ... Erde ... Schwärze ... Nacht. Ein dröhnendes Hupen. Gleißende Lkw-Scheinwerfer. Ich reiße das Lenkrad herum. Mein Schädel zerschmettert die Windschutzscheibe. Blut spritzt. Glas splittert. Mein Gehirn ...

Ich schnellte von meinem Schreibtisch hoch. Neben mir umgekippte, leere Weinflaschen, zerknüllte Medikamentenpackungen, Fläschchen, Tabak- und Haschkrümel. Ich sah aus dem Fenster, in den Burghof. Blaulicht erhellte den Burghof. Eine Armada an Streifenwagen und Polizeibussen preschte in den Hof. Am Pool vorbei. Ich krallte die Packungen und Fläschchen und knallte sie in die Toilette. Spülte. Sie bäumten sich auf gegen ihren Untergang. Ich flüchtete die steile Holztreppe hoch.
  Da pocht es gegen die Tür: »Aufmachen! Polizei!«
  Ich versuche mein ausgelutschtes Gehirn in Gang zu bringen. Zu überlegen, ob sich noch Stoff in unserem Keller oder sonst wo befindet. Der Rammbock dröhnt gegen meine Gedanken, gegen die Holztür des Schottenturmes. Holz splittert, die Tür springt auf, vermummte SEK-Beamte jagen nach oben. Blenden mit knallenden Granaten.
  Ich zwänge mich unter die Treppe, die in den dritten Stock hinaufführt. Reiße die blutrote Holztür auf. Und stehe auf der schma-

len, bewachsenen Burgmauer ohne Geländer. Flüchte. Links von mir Abgrund. Ein Burghof voll schwer bewaffneter Bullen rechts von mir. Und hinter mir der Schottenturm voller Stoff und noch mehr Bullen. Die Burgmauer wird immer schmaler. Da sehe ich die Gräfin am Fenster mit ihrem unvergleichlichen Lächeln. Ich bleibe stehen. Lächle zurück. Werde umgeworfen. Knalle auf den Boden. Ein Knie auf dem Kopf. Auf der Wirbelsäule und im Steiß. Handschellen klicken,

Ein Gericht verurteilte mich wegen Diebstahls und Drogenhandels zu einigen Jahren Haft. Da ich aufgrund meines ständigen Rausches nur eingeschränkt schuldfähig war, wurde ich zu einer Therapie statt Knast verurteilt. Neben den öden Gesprächsrunden schrieb ich den Roman fertig und veröffentlichte ihn in einem großen Publikumsverlag. Er schlug dermaßen ein, dass er monatelang auf den Bestsellerlisten stand. Filmrechte und Übersetzungen in mehrere Länder wurden verkauft.

Natürlich wollt ihr wissen, wie die Geschichte geendet hat. Asa wollte mit dem Diebstahl der Medikamente so viel Geld erwirtschaften, dass die Gräfin damit die Renovierung der Hälfte der Burg durchführen konnte, die noch ihr gehörte. Den anderen Teil hatte sie bereits an die Stadt Abenberg verkauft. So zumindest sein Teil der Wahrheit. Sie log ihm vor, dass er dann mit ihr im Turm wohnen könne. Er hoffte mich dadurch loszuwerden und damit den Neid, dass er es nie geschafft hatte, einen Roman zu schreiben. Allerdings hatte er die Rechnung ohne die Gräfin gemacht. Die wollte die Burg so oder so verhökern und sich mit mir andernorts ein neues Leben aufbauen. Aber zuerst mussten wir noch den Film abdrehen, in dem ich und die Gräfin die Hauptrolle spielten. Titel: *Abgedreht*. Nach dem Roman von Asa Ego.

Und so trat ich mit Revolvern in den Fäusten aus dem Schottenturm der Burg Abenberg. Blindlings schoss ich in die Meute auf dem Burghof.

Abenberg

historisch

Kurt Eisner in Abenberg
oder
Religion des Sozialismus

Der Schriftsteller, Journalist und Politiker Kurt Eisner proklamierte 1919 den »Freistaat Bayern«. Nach der Diktatur des Kaiserreiches stellte er den ersten Ministerpräsidenten des demokratischen Freistaates. Unter seinem Vorsitz bildete sich im Landtag ein Arbeiter-, Bauern- und Soldatenrat. Am 21. Februar 1919 wurde er auf dem Weg zur konstituierenden Sitzung des neugewählten Landtags vom Reserveleutnant und Rechtsextremisten Anton Graf von Arco auf Valley erschossen. Nach Eisners Tod wurde die Münchner Räterepublik ausgerufen.

Eisners Mörder wurde in einem ersten Gerichtsverfahren zum Tode verurteilt, dann wurde das Urteil umgewandelt in lebenslange Festungshaft und schließlich wurde er wie so viele rechtsextreme Mörder in der Weimarer Republik begnadigt.

Kurt Eisner hielt im Herbst 1908 eine seiner ersten Reden in Abenberg, die im Folgenden samt seinen dazugehörigen Notizen im Original wiedergegeben wird.

Eines Sonntags im Herbst 1908 sollte ich in einer Volksversammlung zu Abenberg sprechen, einem abseits gelegenen fränkischen Städtchen, zu den sieben Orten gehörig, die sich um den Ruhm streiten, die allein echte Stammburg der Hohenzollern zu bergen. Es ist eine katho-

lische Enklave; die fleißigen und still versonnenen Frauen mühen sich in der überlieferten Heimkunst der Silberspitzenklöppelei. Es war die erste sozialdemokratische Versammlung im Ort. Ich durfte also nichts voraussetzen und mußte unmittelbar den Zugang zu den unverbildet empfänglichen Gemütern finden. Ich hatte angekündigt, daß ich über »Religion des Sozialismus« sprechen wollte. Aber schon die Überschrift hatte man nicht verstanden und geglaubt, ich würde über »Religion und Sozialismus« reden, über die berühmte Privatsache und dergleichen. Ich hatte mir zuvor vergebens überlegt, wie ich das gewählte Thema ausführen könnte. Noch als ich im Versammlungssaal stand, und der Vorsitzende sich anschickte, mir das Wort zu geben, hatte ich keinen Plan, nicht einmal den Anfang. Mich bedrückte die Fremdheit dieser Hörer. Da, im letzten Augenblick, als ich die andächtig sitzenden Menschen vor mir sah, flogen mir die Gedanken und Worte zu, und ich improvisierte die Ausführungen, die ich hier in einer Jahre später durch den Druck verbreiteten Skizze wiedergebe. Der Vortrag hatte Folgen. Der Pfarrer des Ortes, der zur Versammlung eingeladen, aber nicht erschienen war, predigte vorher und nachher fanatisch in der Kirche gegen mich. Da er nicht wußte, was ich gesagt, und auch meinte, ich hätte über die Stellung der Sozialdemokratie zu Religion und Kirche gesprochen, holte er gegen mich vor, was er in den München-Gladbacher Agitationsheften gefunden haben mochte. Seine Gemeinde, soweit sie mich gehört hatte, wurde durch die fortgesetzten Angriffe des Geistlichen gegen mich aufgebracht, weil man erkannte, daß er gegen eine von mir gar nicht gehaltene Rede schimpfend loszog. Und als der Pfarrer schließlich sogar bei einem Begräbnis (eines meiner Hörer) gegen mich predigte, um angesichts des Todes und der ewigen Verdammnis vor dem Verführer zu warnen, kam es zur offenen Empörung der Gläubigen gegen ihren Hirten, die, wenn ich mich recht entsinne, damit endigte, daß man es für geraten hielt, den Heißsporn an einen anderen Ort zu versetzen.

Religion des Sozialismus

Es gibt Hunderte von Religionen auf der Erde, verschieden in ihren Vorstellungen und Lehren, in ihren Organisationsformen und ihrem Verhältnis zu den staatlichen und gesellschaftlichen Verfassungen. Aber eines ist allen Religionen gemeinsam: ihre letzten Ursprünge verlieren sich im Dunkel der Vorzeit, und auch die Formen, in denen sie sich heute noch betätigen, sind vor vielen Jahrhunderten gebildet worden. Die jüngste unter den großen Weltreligionen, der Islam, ist fast dreizehn Jahrhunderte alt. Seitdem sind wohl neuere Sekten entstanden, auch konfessionelle Abspaltungen, aber eine wirkliche neue, machtübende Religion ist nicht mehr erwachsen. Es scheint mithin, als ob die Menschen und Völker der neuen Zeit die Kraft verloren hätten, aus ihren eigenen gegenwärtigen Lebensbedingungen heraus eine Religion zu gestalten, gleichwie die Baumeister der Gegenwart nicht mehr vermögen, jene Wunderwerke religiöser Kulte zu schaffen, die im Mittelalter errichtet worden sind.

Wie seltsam, daß die heutige Menschheit ihre religiösen Bedürfnisse in geistigen Gebilden befriedigt, die in anderen Ländern, anderen Völkern, anderen Sprachen und von Grund aus anderen politischen, sozialen und kulturellen Verhältnissen sich entfaltet haben! Die Religion verheißt uns, die schwersten Fragen unseres Daseins zu beantworten, unsere tiefsten Sehnsüchte zu befriedigen; die Fragen und die Sehnsüchte wurzeln in unserm heutigen Leben, drängen aus den Zuständen, Gärungen, Nöten unserer heutigen Zeit, aber die Antworten suchen wir in der Weisheit fremder verschollener Jahrtausende, und wir stillen unsern Durst in den Zisternen, die in der Morgendämmerung der Geschichte befruchtender Regen gefüllt hat. Liegt hier nicht ein unlösliches Geheimnis verborgen? Heißt es nicht in Wahrheit, daß unsere religiösen Triebkräfte erloschen sind, wenn wir uns begnügen mit der Überlieferung von Religionen, die die Völker überwundener Kulturen sich gebildet haben, anstatt daß wir selbst, gleich unseren Vorfahren, die Fähigkeit betätigen, unser Leben von heute in religiöser Einheit zu beseelen? Dieser Widerspruch wird umso schroffer, wenn wir das Wesen aller alten Religionen uns vergegenwärtigen. In allen alten Religionen, die heute noch herrschen, spiegeln sich deutlich die sozialen und politischen Verhältnisse, die natürlichen und geistigen Lebensbedingungen ihrer Entstehungszeit. Sehen wir von allen einzelnen Religionen ab, so erkennen wir insgemein, daß sämtliche alten Religionen aus dreifacher Wurzel erwachsen sind: aus der Ohnmacht des Menschen vor der Natur, aus der Wehrlosigkeit des einzelnen gegen die gesellschaftliche Ordnung, in die er hineingeboren worden ist, aus der Furcht der Sterblichen vor dem Tode.

In seiner Religion setzt sich der Mensch der Vergangenheit zunächst mit den ihn bestimmenden Naturgewalten auseinander. Die Menschen jener Vergangenheit haben keinerlei Naturerkenntnis. Alles ist ihnen wunderbar, rätselhaft, schrecklich. Weil sie die Natur nicht kennen, beherrschen sie sie nicht, und weil sie die Naturkräfte nicht beherrschen, fürchten sie sich vor ihnen. Dem Gewohnten lernen sie schließlich vertrauen, aber jede Unregelmäßigkeit muß ihnen unheimlich, grauenverkündend erscheinen. Religionsforscher haben darauf hingewiesen, wie sehr die Gottesvorstellung des Judentums, aus dem das Christentum entstanden ist, noch durch die ursprüngliche Heimat der Israeliten bestimmt sind, am Fuße eines Vulkans, der in friedlichen Zeiten die Weinberge und Saaten fröhlich gedeihen läßt, aber im Zorn alles Leben ringsum in Glut und Asche zerstört. Der Mensch jener Zeiten freut sich der lebenspendenden Sonne, die vom blauen Himmel herunterstrahlt. Plötzlich ballen sich schwarze Wolken zusammen, ein wirbelnder Sturm bricht wie aus einem unbekannten Lande heulend hervor, ein furchtbares Krachen dröhnt aus dem eben noch so stillen Himmel, und feurige Schlangen laufen zischend über die aufgeregte Welt. Und plötzlich schnellt eine dieser Schlangen herab. Die Hütte, die eben noch gegen die strömenden Himmelsfluten Obdach gewährte, geht in Flammen auf, und Menschen und Tiere, die atmenden, sind auf einmal aus dem Leben geschleudert – Leichname. Wie soll sich dieser Mensch das schreckliche Schauspiel deuten, er weiß nicht, was ein Gewitter ist. Aber sein Denken sucht nach einem Grund der Zerstörung, und so entsteht die Vorstellung von dem strafenden Gott, der ihm ob seiner Sünden zürnt. Zerknirscht betet er und opfert er, um den Zorn des Gewaltigen zu beschwichtigen. Und siehe da, der Himmel heitert sich auf und über dem ganzen Gewölbe spannt sich ein wunderherrliches Farbenspiel, wie ein Zeichen der Erhörung, eine Brücke der Versöhnung. Die Menschheit von heute weiß, was ein Gewitter ist, sie weiß, wie ein Regenbogen entsteht. In jedem naturwissenschaftlichen Laboratorium lassen sich ähnliche Erscheinungen wie Gewitter und Regenbogen künstlich herstellen. Noch mehr, auch die himmlischen Gewitter können wir Menschen zähmen, wie ein Haustier, und wenn noch so sehr der große Geist im Himmel uns zürnen mag, er hat keine Macht mehr über uns, wir bändigen seine Blitze, daß sie keinen Schaden anzurichten vermögen. Wir brauchen bloß auf das Dach einen kupfernen Stab mit einer vergoldeten Spitze zu setzen und kein Gewitter kann uns etwas anhaben. Der Blitzableiter ist stärker als alles Zürnen der Natur. In den Dörfern läutet man wohl auch heute noch die Glocken, wenn ein Gewitter heranzieht, aber die Kirche selbst vertraut man doch nicht dem Schutz des Glockenläutens an, sondern ganz oben findet sich auf dem Turm, vorsichtshalber, ein Blitzableiter. Wenn den Menschen der Vergangenheit nächtlich unter den vertrauten Sternbildern plötzlich ein blutroter, langgeschwänzter Fremdling erschien, so war für sie das Vertrauen in die gewohnte Ordnung der Natur auf einmal erschüttert. Woher die düstere Erscheinung? Ein Vorzeichen, eine Zuchtrute, die Ankündigung furchtbarer Strafen für die sündige Menschheit. Heute überrascht uns kein Komet. Der Astronom hat seine Schleichwege aufgespürt, und er berechnet seinen Lauf. Und er prophezeit: dieser Komet wird im Jahre 2786 am 12. Juli 1 Uhr 38 Minuten 22,8 Sekunden nachmittags wieder zum Vorschein kommen, und er ist sicher, daß der Gast sich pünktlich einstellen wird. Jeder Zeitungsleser weiß heute schon Monate voraus, wann ein Komet erscheinen wird.

Es gibt keine Überraschung, also auch kein Erschrecken. Wir ängstigen uns auch nicht, wenn die Sonne sich plötzlich beschattet; wir glauben nicht, daß dann ein böser Geist die Sonne verschlingt, denn jeder Schulbube weiß, welch harmlose Erscheinung eine Sonnenfinsternis ist. Meer und Hochgebirg sind keine Schrecken mehr für uns; denn wir beherrschen mit unsern Schiffen die furchtbarsten Stürme und unsere Eisenbahnen klettern zu den höchsten Gipfeln empor. Dieselbe Kraft, die das Gewitter unsern Vorfahren so schrecklich machte, heute in den Dienst menschlicher Arbeit gestellt, ermöglicht uns, über Hunderte von Meilen hinweg zu schreiben, zu sprechen, zu hören, Wasserfälle, Ströme zu verwandeln in Licht und Kraft, die unsere Nächte taghell machen und unsere Maschinen treiben, daß wir heute in einem Tage mehr Güter zu erzeugen vermögen als die frühere Menschheit in einem Jahrhundert. Selbst Ausbrüche von Vulkanen, die auch heute noch Tausende und Hunderttausende von Opfern in wenigen Sekunden zu mähen vermögen, betrachten wir nicht mehr als Strafen für menschliche Versündigung. Wir kennen die natürlichen Ursachen der Erdbeben, und die heutige Menschheit antwortet auf solche furchtbaren Katastrophen nicht mit brünstiger Verzweiflung, sondern sie ruft die Solidarität der Menschheit an, um Hilfe zu spenden, und sie stellt dem Ingenieur die Aufgabe, erdbebensichere Häuser zu konstruieren, damit die stürzenden Trümmer nicht Leben erschlagen.

So hat sich unser Verhältnis zu den Naturgewalten von Grund auf umgeändert. Keine Spur mehr der Anschauung ist uns geblieben, die in jenen alten Religionen die Vorstellungen der Angst und Verzweiflung geformt hat. Wir fürchten die Natur nicht mehr, wir durchdringen ihre Wunder, ihre Kräfte sind der Grundquell all unserer heutigen Kultur. Wir lieben die Natur, wo sie groß und erhaben ist, das stürmische Meer, der einsame Gletscher erfüllt uns mit Andacht und stolzer Verehrung, seit sie wegsam für uns geworden. Wir glauben an die Natur, weil wir sie kennen, wir preisen ihre Kräfte, und wir wissen keine höhere Aufgabe, als ihre Geheimnisse immer tiefer zu ergründen, und die unbeirrbaren Gesetze ihres Wesens der menschlichen Freiheit dienstbar zu machen. Dieses triumphierende Gefühl ist die Religion der heutigen Menschheit, und so erkennen wir, daß sich in Wirklichkeit doch über allen alten Religionen eine neue mächtige Religion gestaltet, die unser heutiges Leben auf der ganzen Erde beherrscht: die Religion des Sozialismus, der aus der Entfaltung der Naturkräfte seine neue herrlich aufsteigende Zuversicht gewinnt. Wie der Mensch der Vergangenheit das Verhältnis seiner Ohnmacht zur Natur in düsteren religiösen Schreckvorstellungen umdeutet, so gibt ihm seine Religion auch die Auskunft über die furchtbaren Ängste seines politisch-gesellschaftlichen Daseins. Diese Religionen sind entstanden und entfaltet in einer Zeit, da die große Masse der Menschheit aus Sklaven bestand, das heißt aus Rechtlosen, aus Sachen, mit denen ihre Herren und Peiniger treiben durften was sie wollten. Dieses Dasein war für die große Masse in der Tat ein Jammertal, aus dem es kein Entrinnen gab. Man hätte ohne die Religion schließlich am Leben verzweifeln müssen. Warum sind wir arm und jener reich? Warum müssen wir alle Unbill dulden und jene dürfen uns quälen, ausbeuten, töten, ganz nach Willkür? Dieser Wahnsinn der menschlichen Verhältnisse läßt sich nicht lösen. Vielleicht erheben sich einmal die Sklaven in auflodernder Wut gegen ihre Herren. Aber die Gewalt schlägt sie nieder und es wird schlimmer denn zuvor. Die große Masse der Menschen ist ohnmächtig gegen die Gesellschaftsordnung, in der zu leben sie schuldlos verurteilt worden sind. Aber die menschliche Vernunft empört sich gegen dies unerträgliche Schicksal; und weil die Körper sich nicht zu wehren vermögen, so suchen die Seelen eine Zuflucht. Das kann doch unmöglich der Zweck des menschlichen Daseins sein, so jammervoll dahinzugehen, die Herzen voll von Sehnsucht nach Glück und Freude und immer nur gemarterte, mißhandelte, hungernde und frierende Lasttiere der Arbeit! Aus diesem Zwiespalt vernünftigen Denkens und sinnlos grausamer gesellschaftlicher Zustände entsteht der Flucht- und Zufluchtsgedanke des Jenseits: wenn dann in diesem Leben es keine Erlösung gibt, so muß nach dem Tode dennoch das wahre Leben der Gerechtigkeit und Freiheit beginnen! Das war der notwendige Trostgedanke, der die Menschen vor dem Zusammenbruch rettete, und das war die große niemals verächtlich zu wertende Leistung des Christentums, daß es die Sklaven lehrte, das Leben zu ertragen. Wir wissen wohl, wie schmählich später die weltlich politische Organisation der Kirche diesen frommen, heiligen und heilenden Trostgedanken mißbraucht hat, indem sie ihn umkehrte und zu einem Werkzeug der Unterdrückung fälschte. Der Sklave erträumte den Himmel, weil er im Diesseits ohnmächtig war, ein furchtbares Dasein zu erlösen. Daraus fälschte man die Lehre, weil der Sklave des Himmels gewiß sein muß, soll er sich hienieden in alle Gewalt seiner Peiniger geduldig fügen. Dennoch, jener Gedanke der Erlösung war in seinem Ursprung selbst Erlösung. Man begreift nun auch, wie die alten Religionen die Jahrhunderte überdauern konnten, denn die soziale Ohnmacht der beherrschten Klassen wie des einzelnen gegenüber der bestehenden Rechtsordnung dauerte bis in die neueste Zeit unverändert, ungemildert. Der leibeigene Bauer, der bis an die Schwelle der Gegenwart die Masse des unterdrückten Volkes darstellte, ist in Deutschland erst im neunzehnten Jahrhundert, in Bayern erst durch die Revolution von 1848 befreit worden. Das Industrieproletariat aber, das seitdem entstanden ist, hat trotz aller seiner sozialen Unterdrückung und Ausraubung doch als Erbteil der großen Menschheitskämpfe wenigstens das Recht der freien Geburt, der Selbstbestimmung erhalten. Der geburtsfreie Proletarier weiß, daß er nicht das wehrlose Opfer einer durch alle Ewigkeit dauernden unentrinnbaren Gesellschaftsordnung ist, sondern er hat erkannt, daß alle menschlichen Ordnungen Menschenwerk und deshalb

vergänglich sind. Diese Einsicht gewann er, weil er ja selbst
mitwirkte an der Gestaltung der Rechtsverhältnisse. Nur
ein paar Jahrzehnte zurück und es gibt keine politische
Betätigung der Masse: kein Wahlrecht, kein Parlament,
keine freie Presse, kein Vereinsrecht. Was heute dem Proletariat das mächtigste Werkzeug der Notwehr gegen den
Kapitalismus geworden ist, das Koalitionsrecht, war noch
in einer nahen Vergangenheit Verbrechen der Meuterei,
des Aufruhrs, des Hochverrats; wer sich mit seinen Arbeitsgefährten zur gemeinsamen Selbsthilfe zusammenfand oder gar durch Arbeitseinstellung bessere Lebensbedingungen zu erzwingen versuchte, hatte die schwersten
Strafen verwirkt, Peitsche, Folter, Zuchthaus, Schafott.
Jetzt aber ist die Menschheit mündig geworden. Sie hat die
Ohnmacht in der Erduldung überkommener politischer
und sozialer Verhältnisse überwunden. Wie immer noch
unsere Rechte und Freiheiten verkümmert sind, wie immer noch die rohe Gewalt des Staates wie einzelner bevorrechteter Personen die freie Selbstbestimmung der Masse
zu lähmen bemüht ist, und aus aufrechten, ihrer Würde
und ihrer Aufgaben bewußten Menschen zitternde Untertanen zu demütigen versucht, – wir wissen heute dennoch,
daß wir stark genug geworden sind, den Anteil an den Gütern des Lebens, die Rechte und Freiheiten zu besitzen, die
wir entschlossen sind uns zu erringen. Wir sind nicht mehr
ohnmächtig, wir haben im Gegenteil alle Macht, wenn wir
nur wollen, wenn wir durch gemeinschaftliches entschlossenes, ehern zusammenhaltendes Handeln die politischen
und sozialen Zustände herbeizuführen bereit sind, die unsere Menschenvernunft uns klar und hell zeigt: Brot, Freiheit, Glück für alle, ohne Unterschied auf dieser Erde, in
diesem Leben! Haben wir so Macht über unser eigenes
Schicksal gewonnen, so beflügelt unseren Willen der junge

Glaube zur Tat, daß die Menschheit zu erreichen vermag, was uns als Ziel ihres Strebens vorschwebt. Dieser Glaube an die Zukunft ist unsere Religion, die hell, tapfer, freudig dem Leben zugewandt ist und das Leben aller zur reichsten Blüte zu entwickeln strebt. Die Religion des Sozialismus in ihrem Kraftgefühl und ihrer Daseinsbejahung hat die Verzweiflung des Jammertals, die Hoffnungslosigkeit des irdischen Geschicks für immer überwunden. Aber wenn auch, wie jeder von uns zugeben wird, in der Tat diese Religion des Sozialismus für die Rätsel unseres heutigen Daseins die rechte lösende Antwort findet, haben wir dann, so wird man fragen, wirklich den ganzen Sinn des Lebens erfaßt, für vernünftige Menschenzwecke wertvoll gedeutet? Bleibt nicht gerade dann, wenn es uns gelingt, das Dasein der ganzen Menschheit zu all seiner möglichen und denkbaren Herrlichkeit zu entfalten, mit verschärfter Bitternis die quälende Tatsache bestehen, daß dennoch all diese Herrlichkeit für die Menschen endigen muß – im Tode. Der natürliche Lebenstrieb jeder Kreatur hat sich in lähmende Todesangst verwandelt. Nicht immer haben die Völker den Tod gefürchtet. Aber besonders seit dem Mittelalter ist es wie eine Geisteskrankheit über die Menschheit gekommen, daß sie sich in schrecklichen Zuckungen vor nichts mehr fürchteten als vor dem Ende. Und keine schwerere Schuld hat kirchliche Machtbegierde auf sich geladen als die Ausbeutung der Todesangst, die Marterung der Gewissen. Dadurch erst sind die Menschen auch seelisch zu Sklaven geworden. Wir haben es nie begriffen, wie einzelne Menschen von Fleisch und Blut, wie wir alle, es vor ihrem Gewissen verantworten konnten, arme gequälte Kreaturen, die schon auf Erden die Hölle hatten, nun noch mit der gesteigerten Hölle nach dem Tode zu ängstigen. Was wollen wir Menschen denn im tiefsten Grunde? Wollen wir ewig leben? Ewig leben können, heißt soviel wie ewig leben müssen. Das aber wäre der Tod, die wahre Hölle alles Lebens. Wenn wir Menschen gezwungen wären, niemals wieder, wie wir ins Leben kamen, so auch aus dem Leben gehen zu können, der Lebenszwang wäre das Unerträgliche, das unser Dasein vom ersten Tage an vergiften müßte. Nein, es ist gnädig von der Natur eingerichtet, daß das Leben des einzelnen, wenn es ein Weilchen sich geregt hat, auch wieder in stillem Frieden zu erlöschen vermag.

Verhängnisvoll ist diese Geisteskrankheit für die Entwicklung der Menschheit geworden. Denn indem wir entsetzt und verängstet auf den natürlichen Tod starrten, vergaßen wir den Kampf gegen den künstlichen Tod, der vor der Zeit die Menschen zerstört, diesen Tod, der der Fluch der Menschengeschichte geworden ist, und den wir, wenn nicht fürchten, so doch hassen und bis zur Ausrottung verfolgen müssen. Herrlich ist es, nach getaner Lebensarbeit, nach Erschöpfung der Glücksspenden des Daseins, wieder davonzugehen. Aber es gibt keine entsetzlichere Vorstellung, als denken zu müssen, daß in Wahrheit nur wenige Menschen ihr Leben leben können. Unübersehbar die Opfer der Schlachtfelder, auf denen in den Jahrhunderten die Jugend verfaulen mußte. Unübersehbar die Zahl der Opfer, denen durch Hunger, Überarbeit, gesundheitsgefährliche Arbeitsverhältnisse das Leben künstlich verkürzt, verkümmert, verkrüppelt worden ist. Und gibt es einen gräßlicheren Gedanken als diese Massenerscheinung, daß Millionen von armen kleinen Menschenkindern, wenn sie kaum das Licht der Sonne erblickt und damit das Recht gewonnen und die Sehnsucht dunkel empfunden haben, daß auch sie nun teilhaben werden an den Strahlen des Lebens, sofort wieder nach wenigen Tagen und Monaten, düsteren Vorwurf in den erlöschenden Augen, sterben müssen, nur weil die Mütter unter der Ungunst ihrer Daseinsverhältnisse nicht genügend an gesunder Nahrung für sie besaßen, weil sie in den engen Wohnhöhlen tödliches Gift einatmen. Diesem künstlichen Tod gilt der Kampf der Sozialisten, und unser religiöser Glaube ist es, daß wir einst eine Menschenordnung erreichen werden, in der jeder, der geboren ist, keine Stunde vor dem natürlichen Ende, vor der erlösenden Ruhe vernichtet wird.

In diesem tätigen Glauben wird das Bedürfnis nach Unsterblichkeit in all seiner sehnsüchtigen Tiefe ganz erfüllt. Der einzelne Mensch stirbt, aber die Menschheit lebt. Und daß das Leben dieser Menschheit sich immer reicher und größer gestalte, das ist der Inbegriff unseres Ringens und Kämpfens. In der Gemeinschaft, der Solidarität der Menschheit wird der Unsterblichkeitsglaube Wahrheit und Wirklichkeit. Was jeder Gutes tut im Dienste der Menschheit, und sei es die bescheidenste Leistung des namenlosen, ärmsten Mannes im fernsten einsamsten Dorfe, das kann niemals untergehen, darin verbürgt sich seine persönliche Unsterblichkeit, das ist die Aussaat seiner unsterblichen Seele in alle Ewigkeit. Zu diesem schöpferischen Unsterblichkeitsglauben steigt die Religion des Sozialismus gipfelan.[1]

---

[1] Eisner 1919.

Anhang

Quellenverzeichnis

Bachmann, Eva: Radikal poetisch. In: saiten.ch, 05.11.2020, www.saiten.ch/radikal-poetisch [abgerufen am 22.11.2021].

Bookchin, Murray: Politische Ökologie. In: sterneck.net, o.D., www.sterneck.net/oekologie/bookchin-oekologie/index.php [abgerufen am 14.09.2021].

Dillard, Annie: *Pilger am Tinker Creek*. Berlin: Matthes & Seitz, 2016.

Eisner, Kurt: *Gesammelte Schriften. Erster Band.* Berlin: Paul Cassirer, 1919.

Fischer, Ludwig: *Natur im Sinn. Naturwahrnehmung und Literatur.* Berlin: Matthes & Seitz, 2019.

Goldstein, Jürgen: *Naturerscheinungen. Die Sprachlandschaften des Nature Writing.* Berlin: Matthes & Seitz, 2019.

Mabey, Richard: *Die Heilkraft der Natur.* Berlin: Matthes & Seitz, 2018.

NDR: Robert Macfarlane erhält NDR Kultur Sachbuchpreis. In: ndr.de, 20.11.2019, www.ndr.de/ndrkultur/sachbuchpreis/ Robert-Macfarlane-erhaelt-NDR-Kultur-Sachbuchpreis, sachbuchpreisindex101.html [abgerufen am 05.12.2019].

Probst, Milo: *Für einen Umweltschutz der 99 %. Eine historische Spurensuche.* Hamburg: Edition Nautilus, 2021.

Schäfer, Anke: Welterkenntnis durch Literatur. In: onetz.de, 25.09.2019, www.onetz.de/deutschland-welt/sulzbach-rosenberg/welterkenntnis-literatur-id2853296.html [abgerufen am 05.12.2019].

Schrupp, Antje: Freiheit und Notwendigkeit. Eine anarchistische Ethik des Müssens. Vortrag am 15.8.2021 beim KongressA in Münster. In: antjeschrupp.de, o.D., www.antjeschrupp.de/freiheit-und-notwendigkeit-ueber-eine-anarchistische-ethik-des-m-ssens [abgerufen am 14.09.2021].

Servant, Jean-Christophe: Naturschutz mit Sturmgewehr. In: *Le Monde Diplomatique*, 13.02.2020.

Shepherd, Nan: *Der lebende Berg.* Berlin: Matthes & Seitz, 2020.

Thoreau, Henry David: *Die Welt und ich. Aus den Tagebüchern, Schriften und Briefen ausgewählt und übertragen von Fritz Krökel.* Gütersloh: Bertelsmann, 1951.

Der Autor

Leonhard F. Seidl, geboren 1976 in München, ist Schriftsteller, Herausgeber, Journalist und Dozent für Kreatives Schreiben.

Er lebt in Fürth und ist Vorsitzender des Schriftsteller*innen-Verbandes Mittelfranken und Mitglied im PEN.

Mit dem Roman *Mutterkorn* (Kulturmaschinen, 2011) debütierte er, darauf folgten die Kriminalromane *Genagelt* (Emons, 2014), *Viecher* (Emons, 2015) und *Fronten* (Edition Nautilus, 2017) und der Schelmenroman *Der falsche Schah* (Volk Verlag. 2020). Dieses Jahr erschienen u. a. die von ihm kommentierte Autobiografie von Fritz Oerter, *Lebenslinien* (Verbrecher Verlag), und sein Kriminalroman *Vom Untergang* (Edition Nautilus).

Seidl hat zahlreiche Preise und Stipendien erhalten, u.a. ein Stipendium der Stiftung Literatur 2019 und das Hermann-Kesten-Stipendium 2021. 2022 war er Artist in Residence Nature Writing Thayatal/Podyjí, erhielt ein Arbeitsstipendium für Schriftstellerinnen und Schriftsteller des Freistaates Bayern und den Kulturpreis der Stadt Fürth.

www.textartelier.de

Danksagung

Bedanken möchte ich mich bei allen, die mir während meiner Zeit als Turmschreiber zur Seite standen. Vor allem bei Horst Binder für ›alles im Auge behalten‹ und Billy und Dana Wechsler für die feine Unterkunft im Schatten der Burg und die erfüllenden Stunden in den Gärten.

Herzlichen Dank an euch, meine Eltern, meine wunderprächtigen Kinder und meine Freund*innen für alles, und vor allem für das, was war und ist und sein wird und, dass ihr für mich da wart und da seid. Womit insbesondere ihr gemeint seid: Benni, Kalle und Isa, der Bogenschütze Kawaletti und Karin.

Natürlich möchte ich auch an Susanne König meinen Dank richten, nicht zuletzt für den wertschätzenden Austausch und ihre Offenheit. Liebe J., die Zeit am See und andernorts wird immer bleiben. Merci Conni fürs vorbeischauen und plaudern. Ebenso möchte ich meinen Vorgänger*innen im Turm danken: Gerd Scherm und Tanja Kinkel und vor allem Reinhard Knodt. Und Kerstin Bienert für die ganzen Informationen und die Einladung zur Lesung. Vielen Dank an die Lektorin Sanja Binder für ihre akribische Arbeit und den letzten Feinschliff. Zu guter Letzt noch einen herzlichen Dank an Jörg Amonat für die künstlerische Gestaltung und Konzeption von *Kopfunter am Himmel laufen*, wie auch für die äußerst fruchtbare Zusammenarbeit und den wachen und ästhetischen Blick auf meine Texte und die Welt!

Und lieben Gruß und Dank auch nach Roth an die Buchhandlung Genniges und deren Mitarbeiterinnen, die Lesung war fein!